Logistiikka ja toimitusketjut

Kustantaja: BoD · Books on Demand,
Mannerheimintie 12 B, 00100 Helsinki, bod@bod.fi
Kirjapaino: Libri Plureos GmbH, Friedensallee 273,
22763 Hampuri, Saksa

ISBN: 978-952-80-9417-3

Sisällys

1. Johdanto

Kansainväliset häiriötilanteet ovat osoittaneet, kuinka herkkiä toimitusketjut ja logistiikka ovat yllättäville muutoksille. Varsinkin pitkät kansainväliset ketjut ovat erityisen herkkiä häiriötekijöille. Vaikutukset näkyvät puutteina kaupan hyllyissä ja yritysten vaikeuksina toimittaa tuotteita. Paikalliset hankinnat voivat toimia paremmin ja ympäristöystävällisemmin. Olisiko nyt aika muuttaa toimitusketjujen rakennetta ja logistiikan ratkaisuja paremmiksi. Kustannustason nousu ja teknologisen kyvykkyyden kasvu Aasiassa voi aiheuttaa tuotannon ja hankintojen siirtymistä lähialueille. Näin vältytään pitkien ketjujen aiheuttamista riskeistä ja pystytään palauttamaan teknologinen osaaminen Eurooppaan.

Häiriötilanteiden yhteydessä uutisoitiin paljon toimitusketjujen ja logistiikan haavoittuvuudesta, kun esimerkiksi suojavarusteista oli kova pula. Logistiikka- ja toimitusketjukäsitteet ovat pitkään olleet kiistanalaisia. Nyt näyttää yleistyneen käsitys toimitusketjusta laajempana kokonaisuutena, jossa logistiikka on osa toimitusketjua.

Tässä kirjassa toimitusketju on laajempi käsite kuin logistiikka. Logistiikalla tarkoitetaan yhden organisaation toimintoja, joilla materiaalit, tuotteet ja palvelut toimitetaan asiakkaille mahdollisimman kustannustehokkaasti.

7

Toimitusketju on useiden organisaatioiden muodostama kokonaisuus, jossa logistiikka on tärkeässä roolissa.

Lähestymme aihetta käymällä ensin läpi logistiset toiminnot ja prosessit. Tämän jälkeen käsittelemme toimitusketjut ja -verkostot.

2. Logistiikan käsite

Logistiikka ei ole uusi idea. Aina pyramidien rakentamisesta Afrikan nälänhädän lievittämiseen on materiaalien ja informaation toimittamisen tärkeys tiedostettu. Ihmiskunnan historian läpi on sotia voitettu logististen vahvuuksien avulla tai hävitty puutteellisen logistiikan takia.

Logistiikka sanan käyttö tosin on yleistynyt vasta viime vuosikymmeninä. Vielä 1980-luvulla puhuttiin materiaalitoiminnoista. Tavoitteeksi asetettiin oikeaa tavaraa, oikeassa paikassa, oikeaan aikaan, mahdollisimman pienin kustannuksin.

Nykyisin logistiikassa sama asia ilmaistaan 7 oikein tehdyn tavoitteen kautta. Nämä tavoitteet ovat:

Toimita oikea määrä, oikeaa tuotetta, oikean laatuisena, oikeaan paikkaan, oikeaan aikaan ja hintaan sekä oikealle asiakkaalle.

Logistiikalle löytyy paljon erilaisia määritelmiä ja näkemyksiä. Laajimmat määritelmät pyrkivät esittämään logistiikan niin kattavasti, että melkein kaikki organisaation toiminta

on logistiikkaa. Toisessa ääripäässä logistiikka on vain kul-
jettamista.

Logistiikka voidaan siis nähdä yksittäisen organisaation
toimintana. Toiminnan suuntautuessa yhä enemmän organisaation ul-
kopuolelle aletaan lähestyä toimitusketjumaista tapaa
palvella asiakkaita.

Kuvassa 1. on esitetty korostetusti organisaatio ja sen lo-
gistiikka. Yksittäinen organisaatio pyrkii järjestämään lo-
gistiikkansa omista lähtökohdistaan, hyödyntäen yhteis-
työkumppaneita ja palveluntarjoajia. Logistiikka koostuu
materiaali-, tieto- ja kierrätysvirrasta.

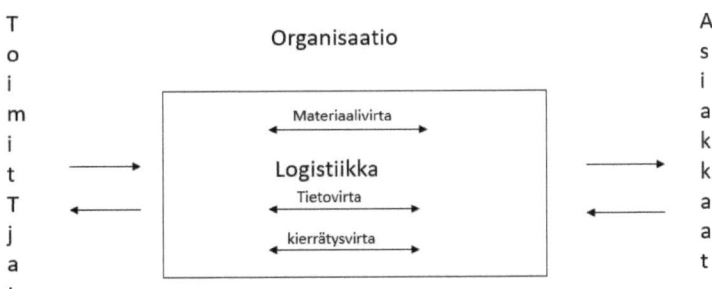

Kuva 1. Logistiikka ja organisaatio

Seuraavaksi esitän kaksi lähestymistapaa logistiikkaan.
Nämä ovat toimintoajattelu ja prosessiajattelu.

2.1. Logistiikka toiminnot

Toimintoajattelussa logistiikka sisältää kolme keskeistä toimintoa. Nämä ovat osto, varastointi ja kuljetukset. Nämä toiminnot voivat olla erillisiä, itsenäisiä osastoja tai oman toimen ohella hoidettuja tehtäviä. Toimintoihin perustuvaa näkemystä on havainnollistettu kuvassa 2.

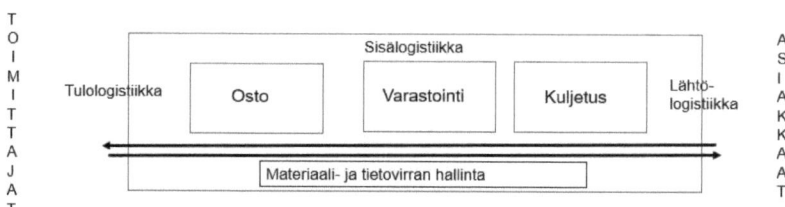

Kuva 2. Logistiikka toiminnot

Oston, varastoinnin ja kuljetusten merkitys vaihtelee riippuen toimialasta ja organisaation toimintatavoista. Esimerkiksi maahantuontia harjoittavalle yritykselle onnistuneet ostot ovat todella tärkeitä taloudellisen tuloksen saavuttamiseksi. Varastopalveluja tarjoavalle yritykselle taas varastointi on keskeisessä asemassa. Kuljetusyritykselle kuljetusosaaminen on olennaista.

Tulologistiikalla tarkoitetaan saapuvan tavaran käsittelyyn liittyviä tehtäviä kuten tavaran vastaanottoa, tarkastamista, purkamista ja hyllytystä. Vastaanoton kautta varastotilanteen muutokset saadaan myös muiden osastojen tietoon.
Ostotoiminnan tehtävänä on hankkia organisaation tarvitsemat materiaalit, tarvikkeet ja palvelut. Myös

10

toimittajien hallinta kuuluu tehtäviin. Ostotoiminnalla on tärkeä rooli organisaation menestymisessä.
Varastoinnilla on keskeinen rooli asiakaspalvelussa, valmistuksessa ja organisaation toiminnan kustannustehokkuudessa.

Kuljetusten avulla mahdollistetaan organisaatioiden sisäinen ja organisaatioiden välinen liikenne. Kuljetusten suunnittelussa valitaan kuljetusmuodot ja kuljetuspalvelujen käyttö. Suunnittelun avulla kuljetuskustannukset, palvelukyky ja luotettavuus pyritään saamaan hyvälle tasolle. Tämän keskeisen toiminnon sujuvuus on ehdottoman tärkeää logistiselle toiminnalle.
Lähtölogistiikkaan kuuluvat varastosta keräily ja pakkaaminen sekä lähtevien kuljetusten valmistelu. Lähtölogistiikan kautta varastotilanne on muiden osastojen tiedossa.

Uutena terminä on tullut mukaan sisälogistiikka, jolla tarkoitetaan materiaali- ja tietovirtojen hallintaa ja kehittämistä organisaation sisäisissä toiminnoissa. Rajana voi olla organisaation sisätilat ja ulkoalueet, joissa toiminta tapahtuu.

2.2. Logistiikka prosessit

Prosessiajattelun näkökulmasta logistiikan voi nähdä tilaus-toimitus-prosessina. Prosessi alkaa tilauksen käsittelystä ja etenee organisaation sisällä eri osastojen kautta, päätyen tilauksen toimitukseen asiakkaalle.
Tälle ajattelulle antoi sysäyksen 1990-luvun alussa kolmen Harvardin professorin tutkimus yritysten tilaustenkäsittelystä.
(Yritystalous lehti 6/92 Tiukasti kiinni tilauksessa)

Tutkimuksessaan he kävivät läpi useiden yritysten ti-laustenkäsittelyketjua, myöhemmin TKK. Englanniksi Order Management Cycle, OMC.

Heidän tarkoituksenaan oli tarkastella yritysten tilaustenkäsittelyä asiakkaan silmin. He hahmottivat tilaustenkäsittelyn koostuvan kymmenestä vaiheesta alkaen suunnittelusta ja päättyen kaupan jälkeiseen palveluun. Nämä vaiheet löytyivät lähes kaikista 18:sta eri aloja edustavista yrityksistä. Tutkijoiden mielestä nämä 10 TKK:n vaihetta ovat yrityksen liiketoimintajärjestelmän perusta.

Prosessiajattelussa tilaus-toimitusprosessia pidetään ydinprosessina, jolla on aliprosesseja kuten osto-, varastovalmistus-, kuljetus- ja myyntiprosessi.

Tutkijoiden alkuperäinen ajatus seurata tilauksen kulkua yrityksen läpi on erittäin hyvä tapa selvittää yrityksen toiminnan nykytilannetta. Näin saadaan selville ongelmakohdat ja voidaan kehittää toimintaa. Samalla saadaan selville tietojärjestelmän toimivuus.

Kuvassa 3. on havainnollistettu tilauksen kulkua organisaation osastojen läpi.

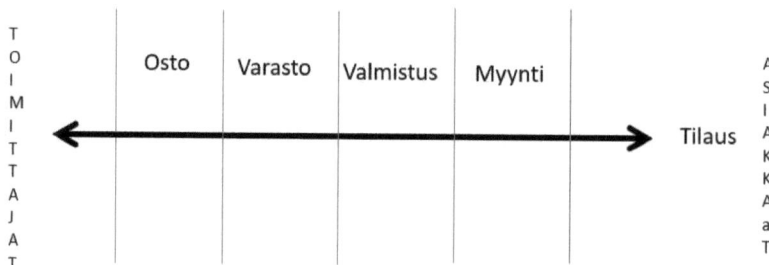

Kuva 3. Tilaustenkäsittelyketju

12

Asiakkaan tekemä tilaus käynnistää tilaus-toimitusprosessin, joka kulkee eri osastojen kautta ja päätyy lopulta tilauksen toimitukseen asiakkaalle. Tilauksen kulku on vaarassa katketa, kun se kulkee osastojen rajojen yli. Myös osastojen sisäisessä toiminnassa voi olla ongelmia. Tilaustenkäsittelyn kokonaiskuva tunnetaan huonosti, mikä johtaa ongelmien huomaamatta jäämiseen. Usein toimintaa lähdetään parantamaan vasta ongelmien aiheuttaessa valituksia asiakkailta tai toiminta alkaa vaikeutua liikaa.

Prosessien kehittämiseen löytyy paljon eri malleja, jotka yleensä noudattavat seuraavia työvaiheita: Nykytilan analysointi, ongelmakohtien tunnistaminen, tavoitetilan suunnittelu ja muutosten toteutus.
Kehittämisessä käytetään työkaluna prosessikaavioita, joiden avulla prosessit myös dokumentoidaan.

Prosessiajattelua käsitellään enemmän kappaleessa 10.

Seuraavaksi käydään tarkemmin läpi Logistiikan toiminnot. Aloitetaan tarkastelu varastoinnista, joka on organisaation logistiikan kannalta yksi keskeisistä toiminnoista.

3. Varastointi

Varastointi on ollut osa ihmiskunnan elämää jo tuhansia vuosia. Varastoja on käytetty eri tarkoituksiin, kuten ruoan ja muiden tärkeiden tarvikkeiden säilyttämiseen. Varastoinnin merkitys kasvoi teollistumisen myötä, kun tuotanto kasvoi ja kuljetusvälineet kehittyivät. Tuotantomäärien kasvaessa myös varastoinnin tarve kasvoi. Varastoja

pidettiin edellytyksenä organisaation menestykselle ja hyvin hoidetun toiminnan merkkinä.
Joidenkin tuotteiden valmistuksessa varastointia käytetään osana valmistusprosessia. Esimerkiksi juustoissa ja alkoholijuomissa tuote kypsytetään varastoimalla lopulliseen muotoonsa.

Liiketoiminnassa kysyntä ja tarjonta harvoin kohtaavat samaan aikaan. Tämä tarkoittaa, että tuotteen tarjoajan/toimittajan on pidettävä tuotteita varastossa pystyäkseen tyydyttämään asiakkaiden kysyntää riittävän tehokkaasti. Kuva 4. havainnollistaa tilannetta.

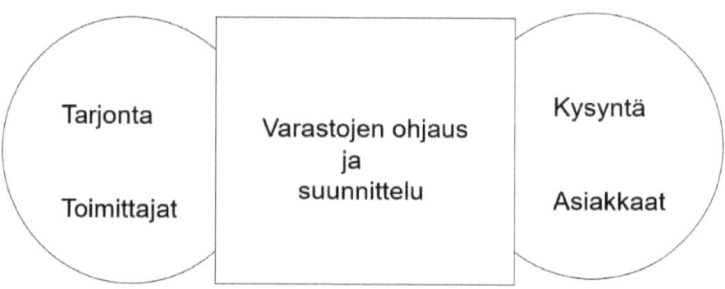

Kuva 4. Varastot mahdollistavat tarjonnan ja kysynnän ajallisen eron.

Varastot ja niiden tehokas hallinta on oleellinen osa liiketoiminnassa onnistumista. Varastojen todellinen merkitys huomattiin vasta 1980-luvulla, kun JIT-ajattelu tuli Toyotan autotehtailta myös länsimaihin. JIT-ajattelun mukaan kaikki ylimääräinen varastointi on turhaa. Tämän seurauksena varastoihin ja niiden kehittämiseen alettiin kiinnittää aivan erilaista huomiota kuin aiemmin.

Varastot aiheuttavat paljon kustannuksia ja siksi ne pitäisi pitää mahdollisimman pieninä ja tehokkaasti toimivina. Paras vaihtoehto olisi toimia täysin ilman varastoja, mikä tuntuu perinteisesti ajatellen lähes mahdottomalta. Niinpä lähes kaikki yritykset tarvitsevat ja käyttävät varastoja toiminnassaan.

Tosin nykytekniikka on mahdollistanut myös toiminnan ilman omia varastoja. Ensimmäinen tunnetuin esimerkki tästä lienee Amazon verkkokirjakauppa Yhdysvalloissa, joka aloitti toimintansa täysin ilman omia varastoja. Myydyt kirjat toimitettiin suoraan kustantajilta asiakkaille ja näin ei tarvittu omia varastoja.

Joskus varastointi saattaa olla jopa osa tuotteen valmistusprosessia kuten eräissä elintarvikkeissa, joissa tietyissä olosuhteissa (lämpötila, kosteus) varastoiminen mahdollistaa tuotteen lopullisen valmistumisen.

Varastoinnin keskeisimpänä tavoitteena voidaan pitää hyvää asiakaspalvelua. Mitä isommat varastot ovat, sitä paremmin asiakas löytää etsimänsä tuotteen. Jos tuotetta ei löydy, menetetään myyntiä ja pahimmassa tapauksessa voidaan menettää pettynyt asiakas. Vähittäiskaupan alueella on tehty tutkimuksia asiakasuskollisuudesta ja on todettu, että asiakkaat vaihtavat hyvin herkästi kauppaa, jos he kokevat pettymyksiä esimerkiksi tuotepuutteiden vuoksi.

Varastoilla voidaan myös varautua kysynnän epävarmuutta vastaan. Isoilla varastoilla voidaan varautua kysynnän vaihteluihin ja taata näin tuotteiden saatavuus, myös kysynnän voimakkaasti vaihdellessa.

Varastoja hyödynnetään myös paljon valmistuksessa/tuotannossa, jossa pyritään erilaisilla välivarastoilla takaamaan valmistuksen sujuva eteneminen, esimerkiksi niin ettei seuraavan työvaiheen tarvitse odotella edellisen työvaiheen valmistumista.

Volyymietujen saaminen voi myös houkutella varastoimaan enemmän kuin todellinen tarve olisi. Tämä tarkoittaa sitä, että ostamalla suuria määriä saadaan ostettua huomattavasti halvemmalla hinnalla ja se houkuttelee ostamaan yli oman tarpeen.

Varastoja voidaan kasvattaa joskus myös huonon kysynnän aikana, jos ei haluta lomauttaa/irtisanoa työntekijöitä tai halutaan pitää kalliit koneet käynnissä.

3.1. Varastojen nimityksiä

Varastoja on hyvin erilaisiin tarkoituksiin ja myös nimitykset ja tehtävät vaihtelevat huomattavasti.
Seuraavaksi käydään läpi yleisimpiä varastotyyppejä, niiden nimityksiä sekä tehtäviä.

Tuotannollisissa teollisuusyrityksissä käytetään yleensä karkeaa jaottelua raaka-aineisiin, puolivalmisteisiin ja valmiisiin tuotteisiin. Kuvassa 5. havainnollistetaan varastojen sijoittuminen tuotantoprosessissa.

16

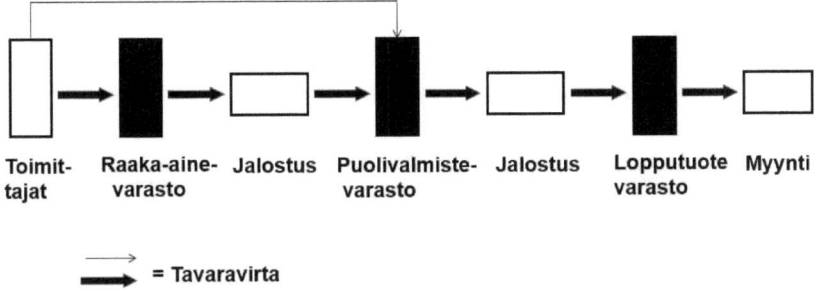

Toimit- Raaka-aine- Jalostus Puolivalmiste- Jalostus Lopputuote Myynti
tajat   varasto   varasto   varasto

⟶ = Tavaravirta

Kuva 5. Varastot teollisuusyrityksessä

Raaka-ainevarastoihin ostetaan tuotteeseen tarvittavia perusaineita, joista lopputuote pääasiassa koostuu. Näitä ovat esimerkiksi metalli, puu, lasi, kankaat, muovit jne. Sen jälkeen tuotetta jalostetaan ja usein tuote joudutaan välivarastoimaan puolivalmistevarastoon. Puolivalmisteista käytetään myös nimitystä **keskeneräiset työt** ja lyhennettä **KET**. Puolivalmisteita myös usein ostetaan ulkopuoliselta toimittajalta. Viimeisen jalostusvaiheen jälkeen tuote siirretään lopputuotevarastoon.

Puolivalmistevarastot ovat usein pakollisia, jos tuotetta ei pystytä tekemään kerralla valmiiksi. Silloin on turvauduttava välivarastoihin, joihin tehdään tuotteen osia odottamaan myöhemmin tapahtuvaa loppukokoonpanoa. Tämä menettely voi toimia hyvinkin tehokkaasti pienessä yrityksessä, jossa lopputuotteita ei ole kovin paljon. Yrityksen ja tuotevalikoimien kasvaessa myös puolivalmisteiden määrä kasvaa ja niiden valvonta vaikeutuu. Vaarana on, että yrityksen tilat alkavat täyttyä erilaisista puolivalmistevarastoista ja kirjanpito ei pysy ajan tasalla. Seurauksena

17

voi olla melkoinen kaaos ja jopa valmistustehon heikkeneminen.
Tällaisessa tilanteessa yritys on yleensä pakotettu koko valmistusprosessinsa kehittämiseen.

Kaupan alan yrityksissä ei yleensä ole paljon jalostus/valmistus työvaiheita ja niinpä myös varastointi poikkeaa teollisuusyrityksistä. Perinteisessä kaupan mallissa tuotteet toimitettiin suoraan kauppoihin.
Kuvassa 6. esitetään perinteinen tapa toimia. Siinä toimittajat kuljettivat tuotteensa suoraan kauppoihin, joka merkitsi kovaa ruuhkaa kauppojen purku/lastaus tiloissa ja kaupan varastotilojen piti olla varsin suuret. Usein kiireisinä toimituspäivinä myös asiakaspalvelu heikkeni varsinaisissa myymälätiloissa.

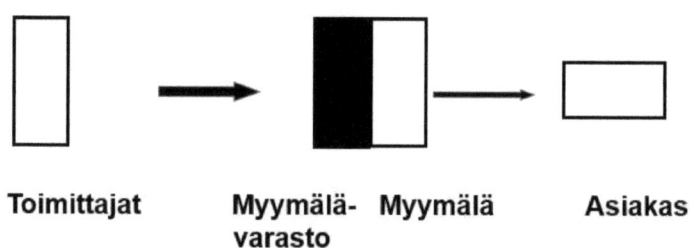

Toimittajat   Myymälä- Myymälä   Asiakas
               varasto

Kuva 6. Perinteinen kaupan toimitusmalli

Tästä toimintatavasta on vähitellen siirrytty tehokkaampaan toimintaan, jossa myymälöiden yhteydessä olevia varastoja on pienennetty huomattavasti ja jatkuvasta toimittajien erillisistä kuljetuksista on pyritty pääsemään eroon. Tähän on päästy tehostamalla koko logistiikkaa toimittajilta myymälöihin varsinkin isojen kauppaketjujen toiminnassa. Nykyinen toimintatapa on esitetty kuvassa 7.

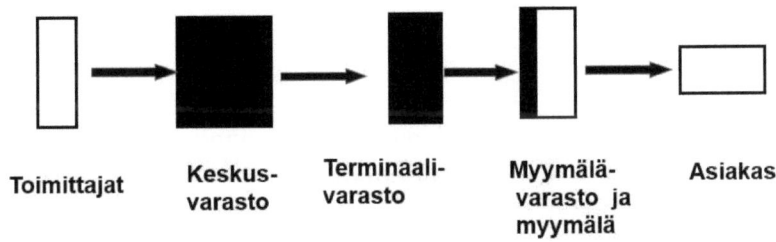

Toimittajat   **Keskus-varasto**   **Terminaali-varasto**   **Myymälä-varasto ja myymälä**   **Asiakas**

Kuva 7. Kauppaketjujen nykyinen toimintatapa

Toimintatavassa suurin osa tuotteista toimitetaan **keskusvarastoihin**, jotka palvelevat mahdollisimman suurta aluetta. Keskusvarastosta tuotteet jaellaan **terminaalivarastoihin** isoina runkokuljetuksina.

Terminaalissa isot kuormat puretaan ja jaellaan periaatteessa heti myymälöihin meneviin pienempiin kuljetuksiin. Terminaalissa ei siis hyllytetä ja varastoida tavaroita vaan pyritään mahdollisimman tehokkaasti ja nopeasti saamaan tavarat eteenpäin. Tässä siis varastoterminaali tarkoittaa eri asiaa kuin yleisesti puhuttaessa esimerkiksi laivaterminaalista tai lentoterminaalista.

19

Keskusvarastoja pyritään vähentämään ja niiden toimintaa tehostamaan esimerkiksi niin, että tiettyä tuotetta varastoidaan vain yhdessä keskusvarastossa, jolloin ostotoiminta ja tilaaminen myymälöissä tehostuvat.

Käyttöön on otettu myös hyllyvälikerääminen eli kuljetusrullakossa on vain yhden hyllyvälin tuotteita ja näin hyllyttäminen myymälässä tehostuu. Toimintaa pyritään edelleen tehostamaan kehittämällä tuotteiden käsittelyä myymälöissä kuljetusten yhdistelyä parantamalla ja siirtymällä kuljetuksiin yöaikana.

Kaupintavarasto on hieman outo käännös termeistä VMI (Vendor Managed Inventory) tai CS (Consignment Stock). Tällä tarkoitetaan toimittajan omistamaa varastoa asiakkaansa tiloissa.

Tutumpi nimitys on ehkä **myyntitili**, jota on paljon käytetty vähittäiskaupan piirissä.

Siinä toimittaja antaa tuotteitaan kauppiaalle myytäväksi ja kauppias maksaa toimittajalle myydyistä tuotteista tietyin väliajoin, esimerkiksi kerran viikossa tai kuukaudessa. Kauppiaalle jää toimittajan kanssa sovittu myyntiprovisio esimerkiksi 20–40 % myyntihinnasta.

Tätä ideaa on ryhdytty käyttämään varastoinnissa yhä enemmän ja jopa niin, että toimittaja huolehtii omien tuotteidensa riittävyydestä asiakkaan varastossa ja asiakas maksaa vain käytetyistä tuotteista. Tämä menettely säästää asiakkaalta huomattavasti varaston valvontatyötä ja ostajan tilaustyötä eli ostavalla yrityksellä säästyy kustannuksia.

Toimittajalla taas kustannukset nousevat lisääntyneen valvonta- ja täydennystyön kautta.

Varastohotelli keksittiin 1980-luvun loppupuolella. Ajatuksena oli ensin vuokrata omia tyhjiä tiloja muille. Kun kysyntää löytyi, syntyi ajatus oman erillisen yrityksen perustamisesta ja näin syntyi varastohotelleja eli yrityksiä, jotka keskittyvät pelkästään varastotilojen vuokraamiseen. Kysynnän kasvaessa vuokraamisen lisäksi on alettu tarjota varastointiin liittyviä lisäpalveluja, kuten varastokirjanpitoa, hyllytystä, keräilyä ja pakkaamista. Kysynnän kasvaessa myös lisäpalvelujen määrä on kasvanut ja on alettu puhua **logistiikkakeskuksista ja logistiikkapalvelujen tuottajista.**

Logistiikkapalvelujen tuottajista käytetään yleisesti nimitystä **3PL** eli kolmannen osapuolen logistiikka. Nämä yritykset tarjoavat palveluita esimerkiksi kuljetuksissa ja varastoinnissa.

Aktiivi- ja passiivivarasto termeillä tarkoitetaan tässä sitä, että aktiivivarasto on nimensä mukaisesti aktiivisessa käytössä ja passiivivarastoa ei käytetä aktiivisesti. Aluksi tuntuu hieman oudolta ajatukselta, että miksi varastoidaan mutta ei käytetä. Tarkemmin ajatellen tällaisia passiivisia varastoja on varsin paljon, eli tähän ryhmään kuuluvat esimerkiksi kriisitilanteita varten varastoitavat tavarat, joilla turvataan yhteiskunnan toimintakyky häiriötilanteissa. Meillä Suomessa tätä tehtävää hoitaa Huoltovarmuuskeskus.

3.2. Varastointiin liittyviä kustannuksia

Varastointi aiheuttaa paljon kustannuksia, joista yleisimpiä ovat:

21

tilakustannukset
kalusto
vakuutukset
työvoimakustannukset
tietojärjestelmät
automatisointi
pääomakustannukset
hävikki
puutekustannukset

Tila-, kalusto- ja vakuutuskustannukset tulevat vähintään maksettavaksi, jos oma, pienikin varasto halutaan perustaa. Pelkästään nämä kustannukset voivat olla niin isoja, että on kannattavampaa käyttää varastointipalveluja.

Jos varastotilan tarve on pieni ja tilan tarve ei vaihtele paljon, voidaan varaston hoito usein tehdä oman toimen ohessa, seuraamalla silmämääräisesti varastomääriä ja pitämällä käsin tehtyä varastosaldojen seurantaa.

Jos toiminta kasvaa, tulee seuraavaksi mietittäväksi päätoimisen varastonhoitajan palkkaaminen ja jatkossa varastohenkilökuntaa voidaan tarvita lisää. Yrityskasvun myötä myös **työvoimakustannukset** varastonhoidossa kasvavat, lisäksi tarvitaan avuksi kunnollinen varastosaldojen seuranta mikä merkitsee käytännössä tietojärjestelmän hankkimista.

Tietojärjestelmän hankkiminen ja ylläpito on varsin kallis investointi. Lisäksi markkinoilta löytyy paljon eri vaihtoehtoja, joista voi olla hankalaa valita sopivin järjestelmä.

Perusohje tietojärjestelmän hankkimisessa on, että käydään ensin läpi omat toiminnot/prosessit. Parannetaan ja kehitetään prosessit ja vasta sitten lähdetään vertailemaan ja hankkimaan tietojärjestelmää. Valitettavan usein käytännössä tehdään juuri toisinpäin eli hankitaan ensin tietojärjestelmä ja sopeutetaan oma toiminta tietojärjestelmälle sopivaksi.

Varastotyö on vielä pitkälti käsityötä, kuten keräily, hyllytys, pakkaus ja lähetys. Käsin tehtävän työn määrää on pyritty viime vuosina vähentämään **automatisoinnin** avulla. Automatisoinnin seurauksena on jo tullut käyttöön täysin automatisoituja varastoja. Nämä ovat tosin niin kalliita, että vain suurimmilla yrityksillä on varaa hankkia ja käyttää täysautomaatiota kannattavasti. Kuitenkin hieman halvemmat ratkaisut ovat yleistyneet. Niissä automatisointia käytetään työskentelyn apuna. Hyvä esimerkki tällaisesta on puheohjattu keräily, jossa keräilijä toimii tietokoneen ohjaamana apunaan viivakoodit, lukulaitteet, kuulokkeet ja mikrofoni. Tällaisesta työskentelystä on saatu hyviä tuloksia keräilyn nopeutumisen ja virheiden vähentymisen seurauksena.

Pääomakustannuksella tarkoitetaan varastossa oleviin tavaroihin sitoutunutta pääomaa, joka ei tuota mitään seisoessaan varastossa. Tavaroihin sitoutuneelle pääomalle pitää siis laskea kustannus, joka on hankitun pääoman hinta, esimerkiksi lainankorko tai lainojen keskikorko tai vaihtoehtoisen sijoituksen mahdollinen tuotto.

Hävikki on ostetun määrän ja todellisen käyttöön otetun määrän erotus. Hävikki aiheutuu monesta tekijästä, kuten rikkoontuminen, pilaantuminen, katoaminen, näpistäminen jne. Syitä voi olla lukemattomia. Vähittäiskaupan piirissä hävikki voi olla todella suurta pilaantumisen takia varsinkin hedelmä ja vihannes tuoteryhmissä. Kuitenkin suurin syy hävikkiin on varastaminen, joka tutkimusten mukaan voi olla jopa 40 % hävikistä.

Puutekustannus syntyy, kun varastossa ei ole ulkoisen tai sisäisen asiakkaan haluamaa tuotetta, jolloin voidaan menettää myyntiä tai tuotantoprosessissa aiheutuu odottelua. Pienet puutekustannukset kertovat varaston toimivuudesta ja hyvästä asiakaspalvelusta. Valitettavasti haittapuolena on se, että varastossa pitää olla paljon tavaraa ja se taas aiheuttaa paljon varastoimiskustannuksia.

Varaston toimivuutta voidaan seurata esimerkiksi keräilyvaiheessa tilastoimalla, kuinka keräilyerät eli asiakkaiden tilaukset on saatu kerättyä varastosta. Tätä kutsutaan varaston palvelukyvyksi ja se esitetään yleensä prosentteina. Esimerkiksi 96 % palvelukyky tarkoittaa että 96 % keräillyistä tilauksista löytyi varastosta.

Täydellistä eli 100 % palvelukykyä ei useinkaan kannata pitää yllä, sillä varastojen koko ja kustannukset nousevat hyvin voimakkaasti lähestyttäessä 100 % prosentin palvelukykyä.
Asiaa on havainnollistettu kuvassa 8.

Varastokustannukset

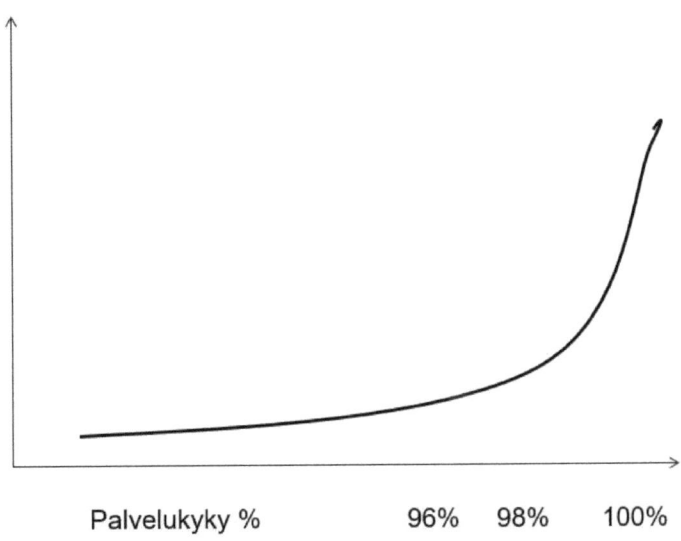

Palvelukyky %   96%   98%   100%

Kuva 8. Palvelukyvyn ja varastoimiskustannusten suhde

Usein kannattaa tyytyä hyvään palvelukykyyn esimerkiksi 96–98 % ja hyväksyä pieniä puutteita varastossa ja toimittaa asiakkaalle tilauksesta puuttuneet tuotteet mahdollisimman nopeasti. Jos oma tuotanto on asiakkaana, pyritään 100 % palvelukykyyn, varsinkin jos varastopuute aiheuttaa tuotantokatkoksia.

Jokaisen varaston pitäjän on itse ratkaistava, millä palvelukyvyllä haluaa asiakkaitaan palvella ja mikä on varastoimisen kustannus, kyseessä on siis tasapainotilan hakeminen. Tasapainotilan hakemista esitetään kuvassa 9. Kuvassa on perinteinen kiikkulauta, jota painaa tai keinuttaa kaksi painoa, varastoimiskustannukset ja palvelukyky.

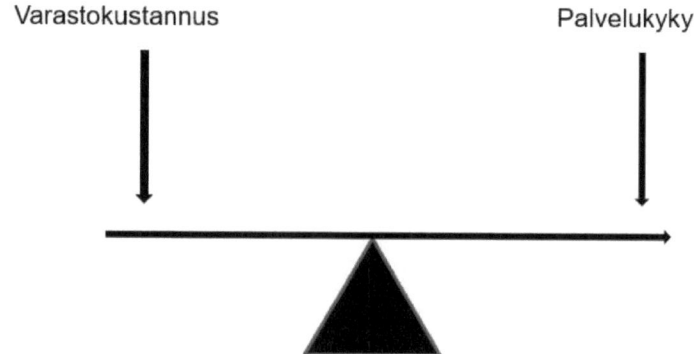

Varastokustannus   Palvelukyky

kuva 9. Tasapainotilan hakeminen

Varastoihin sitoutuneeseen pääomaan vaikuttaa myös voimakkaasti maksuajat, joita yritys pystyy käyttämään sekä ostaessaan että myydessään tuotteitaan. Käytännössä tämä tarkoittaa, että ostettaessa pitäisi saada mahdollisimman pitkät maksuajat ja myynnissä mahdollisimman lyhyet maksuajat. Kuvassa 10. esitetään esimerkki yritykselle edullisten maksuaikojen vaikutuksesta sitoutuneeseen pääomaan.

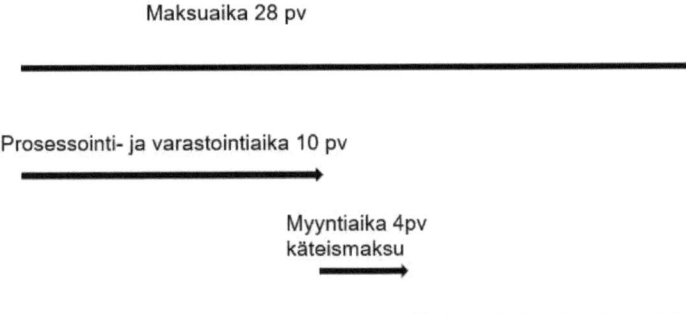

Maksuaika 28 pv

Prosessointi- ja varastointiaika 10 pv

Myyntiaika 4pv
käteismaksu

Rahat omassa kassassa 14pv

Kuva 10. Maksuaikojen vaikutus varastoihin sitoutunee-
seen pääomaan.

Kuvan 10. esimerkissä yrityksellä on siis 14 päivää toimit-
tajan rahaa omassa käytössä, kun tuote saadaan myytyä
käteisellä 14 päivän jälkeen ja maksuajaksi on saatu 28
päivää. Usein kuitenkin tällaisia pitkiä maksuaikoja on var-
sinkin pienten yritysten lähes mahdotonta saada neuvo-
teltua.

3.3. Varaston seuranta ja kehittäminen

Varastoja alettiin seurata tarkemmin Toyotan autoteh-
tailta levinneen JIT- ajattelun myötä. Se korosti kaiken tur-
han karsimista ja etenkin varastojen pienentämistä. Ajat-
telun myötä alettiin luopua ajatuksesta, että suuret varas-
tot ovat vauraan ja hyvin menestyvän yrityksen merkki.
JIT-ajattelun levitessä alkoi varastojen toiminnan kehittä-
minen.

Seuraavaksi käydään läpi muutamia keinoja varastojen seurantaan ja kehittämiseen.

Varaston ABC-analyysi

ABC-analyysi on yksinkertainen mutta tehokas varaston ohjaus- ja valvontamenetelmä. Siinä on tarkoitus jakaa varastonimikkeet ryhmiin, joita valvotaan ja ohjataan eri tavoilla. Valvonta ja ohjaus kohdistetaan tärkeimpiin ryhmiin ja jätetään muut ryhmät vähemmälle valvonnalle. Yleensä tärkeintä ryhmää nimitetään A-ryhmäksi ja vähiten tärkeintä C-ryhmäksi. Ryhmiä voi olla enemmänkin, ehkä 5 ryhmää, jota pidetään suosituksena.
Ryhmiin jako pitää kuitenkin jokaisen yrityksen tehdä itse omista lähtökohdistaan. Yleensä A-ryhmään valitaan kalleimmat tai muuten liiketoiminnan kannalta tärkeät tai muista syistä erityistä valvontaa vaativat nimikkeet. C-ryhmään valitaan yleensä halvimmat tai muuten merkitykseltään vähäiset nimikkeet.
B – nimikkeet sijoittuvat ominaisuuksiensa puolesta A ja C nimikkeiden väliin. Jaottelua voi olla välillä hankala tehdä, jolloin on keskityttävä yrityksen kannalta tärkeimpiin ominaisuuksiin, jotta jaottelu saataisiin tehdyksi.
Ryhmille kannattaisi laatia kirjalliset ohjeet siitä, miten ryhmään kuuluvia nimikkeitä käsitellään ja ohjataan. Näin kaikki varastossa ja ostossa toimivat tietävät, miten eri nimikkeitä käsitellään.

Jos käytetään esimerkiksi 4 ryhmää, eli käytetään ABCD-jaottelua, voisi perusteena käyttää esimerkiksi:

A – tuotteet ovat 50 % myynnistä
B – tuotteet ovat 30 % myynnistä
C – tuotteet ovat 18 % myynnistä
D – tuotteet ovat 2 % myynnistä

ABC-analyysiä kutsutaan myös 20–80 säännöksi koska käytännössä on huomattu, että hämmästyttävän usein asiat niin varastoissa kuin muissakin asioissa noudattavat seuraavia sääntöjä:

20 % nimikkeistä sitoo 80 % varaston arvosta
20 % nimikkeistä tuo 80 % myynnistä
20 % nimikkeistä tuo 80 % liikevaihdosta
20 % tilauksista vie 80 % ostobudjetista

Seuraavaksi käydään läpi periaatteita, joita ABC - analyysin nimikkeille voisi toteuttaa:

A – nimikkeet

Näihin nimikkeisiin kannattaa uhrata eniten huomiota ja resursseja, joten pyritään mahdollisimman hyvään kontrolliin ja seurantaan. Varastokirjanpidon pitää olla kunnossa ja täsmätä ehdottomasti varastossa oleviin määriin. Koska nimikkeet ovat kalliita, pyritään mahdollisimman pieniin varastoihin. Ostoissa pyritään vuosisopimuksiin, mahdollisimman lyhyisiin toimitusaikoihin ja jatkuviin toimituksiin. Tämä tarkoittaa, että pitää pystyä ennakoimaan tuleva menekki eli ennustamaan riittävän hyvin, jotta varastotasot voidaan pitää pieninä.

B – nimikkeet

Näillä nimikkeillä riittää kohtuullinen/normaali seuranta
eli varastokirjanpidon saldot pidetään kunnossa ja teh-
dään lisäksi silmämääräistä seurantaa varsinkin uusien
toimittajien kohdalla.
B - nimikkeillä käytetään yleensä varmuusvarastoa, joka
estää puutetilanteet yllättävien tapahtumien sattuessa.

C – nimikkeet

C – nimikkeet ovat siis halpoja ja niiden rahallinen arvo ei
ole merkittävä. Kuitenkin jos esimerkiksi lopputuotteesta
puuttuu yksikin halpa C – nimike, voi tuotteen lopullinen
valmistuminen viivästyä ja aiheuttaa suurta vahinkoa asi-
akkaan kannalta. Vahingon tai haitan estämiseksi kannat-
taa C – nimikkeitä pitää riittävästi eli tavallaan ylisuuria va-
rastoja, jotta puutetilanteita ei pääsisi syntymään.
Nimikeseuranta kirjanpidossa voi tapahtua pakkauksit-
tain, ei välttämättä nimikkeittäin. Kannattaa pyrkiä kau-
pintavarastoihin ja vielä siten, että toimittaja huolehtii C –
nimikkeiden riittävyydestä.

Varastojen hälytysrajat

Varastojen valvomisessa on erittäin tärkeää käyttää häly-
tysrajoja. Pienissä varastoissa saattaa toki riittää silmä-
määräinen valvonta, mutta varastojen ja nimikemäärien
kasvaessa on ruvettava käyttämään hälytysrajoja. Valvon-
nassa käytetään tietojärjestelmän varastokirjanpitoa

apuna. Jokaiselle nimikkeelle syötetään tietojärjestelmään oma hälytysraja ja jos järjestelmä sen mahdollistaa, niin kannattaa käyttää kahta hälytysrajaa.

Toinen on kappalemääräinen raja, esimerkiksi 100 kpl ja toinen on aikaan perustuva hälytysraja, esimerkiksi 2 viikkoa kuten kuvassa 11. on esitetty. Rajoista käytetään nimityksiä tilauspiste ja tilausperiodi. Kuvassa 11. tilauspisteeksi on valittu 100 kpl, joka on samalla nimikkeelle asetettu varmuusvarasto, jolla varaudutaan häiriötilanteisiin.

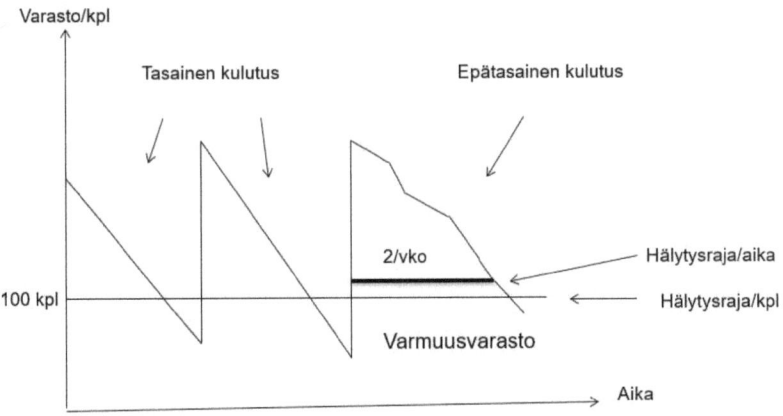

Kuva 11. Esimerkki hälytysrajoista

Tilausperiodi tarkoittaa aikaa, joka on kulunut edellisestä toimittajalle tehdystä tilauksesta. Jos rajaksi on laitettu 2 viikkoa, eikä vielä ole tilausta tehty, siirtää tietojärjestelmä nimikkeen hälytyslistalle, samoin jos tilauspisteeksi on laitettu 100 kpl ja tuo määrä alittuu varastossa, siirtyy nimike hälytyslistalle. Kuulostaa varsin yksinkertaiselta ja tehokkaalta järjestelmältä ja sitä se onkin, jos tietojärjestelmän tiedot täsmäävät todellisen varastohyllyssä olevan määrän kanssa. Jos tietoihin voi luottaa, muodostavat hälytyslistat erittäin hyödyllisen työkalun ostajille ja kaikille varastojen täydentämisestä vastuussa oleville.

Hälytysrajat ovat siis hyödyllisiä, mutta vain jos ne on alun perin asetettu harkiten ja mahdollisimman paljon historiatietoja ja tilastolaskentaa käyttäen. Valitettavan usein rajat asetetaan puolihuolimattomasti ilman sen kummempaa pohdintaa käyttäen. Lisäksi jos rajojen tarkistaminen unohtuu, voivat hälytysrajat jäädä liian suuriksi, aiheuttaen ylisuuria varastoja.

Esimerkki

Eräs suuryritys lupasi tuotteilleen 2 vuoden takuun ja huollon 24 tunnin sisällä. Pitääkseen lupauksensa yritys joutui pitämään takuutuotteiden varaosia suuria määriä varastossa.

Takuuajan mentyä umpeen 24 tunnin lupaus ei enää ollut voimassa ja varaosat olisi voinut hankkia tarpeen mukaan. Korkeat hälytysrajat oli kuitenkin unohdettu tarkistaa ja kalliita varaosia oli vuosien varrella jäänyt huomattavia määriä varastoon käyttämättöminä ja osa niistä oli jo vanhentuneita. Yrityksen onneksi neuvokas tradenomi-opiskelija, tehdessään päättötyötään havaitsi tilanteen ja osa varaosista pystyttiin vielä myymään ja vältyttiin näin suuremmilta tappioilta.

3.4. Varastoon liittyviä tunnuslukuja

Seuraavaksi käydään läpi muutama keskeinen varastoihin liittyvä tunnusluku. Tunnuslukuja kannattaa käyttää

varaston toiminnan ja kehittämisen apuvälineenä. Ku-
vassa 12. on keskeisten tunnuslukujen laskukaavoja.

$$\text{Kiertonopeus} = \frac{\text{Varastosta lähtenyt määrä}}{\text{Varaston keskiarvo}}$$

$$\text{Kiertoaika(riitto)} = \frac{365}{\text{Kiertonopeus}}$$

$$\text{Katekierto} = \text{Myyntikate-\% x kiertonopeus}$$

$$\text{Varaston kokonaistehokkuus} = \frac{\text{Toimitetut rivit}}{\text{Varaston kokonaistyömäärä}}$$

Kuva 12. Varaston tunnuslukuja

Kiertonopeus on keskeisin tunnusluku, jolla varastoja seu-
rataan. Tunnusluvulla mitataan varastonimikkeiden liik-
kuvuutta varastossa tai pikemminkin varastosta pois. Tun-
nusluku kannattaa laskea käytännössä yleensä vuoden
ajalta, jolloin useimmilla yrityksillä laskentaan tulee mu-
kaan hiljaiset ajat ja sesongit. Tulokseksi tulee paljas luku
esimerkiksi 12, joka kertoo, että varasto kiertää 12 kertaa
vuodessa. Tämä taas tarkoittaa, että keskimäärin yrityk-
sellä on 30 päivän eli kuukauden tarve varastossa. Mitä

suurempi kiertonopeus on sitä nopeammin varastot tai pikemminkin varastonimikkeet kiertävät. Karkeana nyrkkisääntönä pidetään sitä, että kiertonopeus olisi vähintään 12 tai suurempi. Tässä esiintyy kuitenkin suuria eroja eri yritysten kesken riippuen toiminnan luonteesta. Esimerkiksi maahantuontiyrityksillä voi kiertonopeus olla vain 2, eli 6 kuukauden varastot. Tämä johtuu siitä, että isot globaalit yritykset vaativat tilaamaan kerralla niin suuria määriä, että se vastaa pienen/keskisuuren suomalaisen yrityksen 6 kuukauden tarvetta. Toisena ääripäänä ovat isot yritykset, jotka kokoonpanevat tuotteensa vasta kun myyntitilaus on saatu. Tällaiset yritykset voivat tavoitella hyvin pieniä varastoja, jopa vain 1 päivän tarvetta varastossa eli kiertonopeus olisi silloin 365.

Kiertoaika on ehkä helpommin ymmärrettävissä kuin kiertonopeus. Tuloksena saadaan varaston riittävyys päivinä, eli esimerkiksi kiertonopeus 12 tarkoittaa 365pv/12 = 30 päivää, eli keskimäärin varasto riittää 30 päiväksi, tästä tulee myös tunnusluvun nimitys riitto. Nykyisin on alettu ehdottaa tunnusluvulle nimitystä pysähdysaika, joka kuvaa hyvin sitä, että jokainen päivä varastossa on liikaa, eikä tuota mitään.

Katekierto on hyvä tunnusluku, jos halutaan vertailla erilaisen myyntikatteen omaavia tuotteita keskenään.
Jos tuotteella on pieni myyntikate, esimerkiksi 2 % täytyisi sen kiertää huomattavasti nopeammin kuin tuote, jossa on 20 % kate. Jos on asetettu tavoite kiertonopeudeksi 12, tulee paremman katteen omaavalle tuotteelle katekierroksi 12 x 20 = 240. Silloin pienikatteisen tuotteen kiertonopeuden pitäisi olla 120 (2 x 120 = 240). Katekierto sopii

hyvin erilaisen myyntikatteen omaavista tuoteryhmistä vastaaville henkilöille.

Kokonaistehokkuus tarkoittaa sitä, kuinka hyvin varasto pystyy toimittamaan varastoituja nimikkeitä suhteessa käytettyyn työmäärään. Tehokkuuteen vaikuttavat monet tekijät kuten tilankäyttö, automaatio, tietojärjestelmä ja nimikkeiden koko. Soveltuu hyvin varaston sisäisen kehityksen mittaamiseen. Vertailuja kannattaakin tehdä vain saman tyyppisiin varastoihin.

3.5. Varaston prosessien kehittäminen

Prosessien kehittäminen on erittäin tärkeää ja keskeisessä asemassa varaston kehittämisessä. Prosessien kehittäminen kannattaa aloittaa tunnistamalla ensin oman varaston prosessit ja nimeämällä ne. Kuulostaa helpolta mutta ei aina välttämättä ole sitä, ja voi jopa aiheuttaa kiivastakin väittelyä. Tärkeintä on kuitenkin, että kaikki varastossa ja kehittämisryhmässä olevat tietävät oman varaston prosessit. Prosessien tunnistamisen ja nimeämisen jälkeen ne pitäisi käydä läpi ja kuvata. Kuvassa 13. on esitetty kuvaus varaston prosesseista, joita käytettiin VTT tutkimuksessa 2000-luvun alussa ja josta oli lyhennelmä Logistiikka- lehden numerossa 4-5 vuonna 2000.

VARASTOPROSESSI

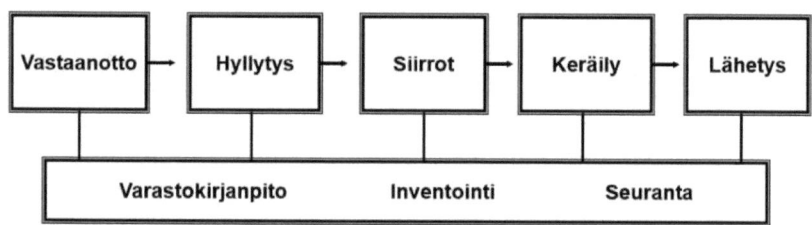

TUKIPROSESSIT

Kuva 13. Varastoprosessit (Logistiikka lehti 4–5/2000)

Tutkimuksen mukaan prosesseittain kustannuksia tutkittaessa lähtevän pään toiminnot: keräily, yhdistely, pakkaus ja lähetys muodostivat 56 % varaston prosessikustannuksista. Saapuvan pään vastaanotto ja hyllytys muodostivat 17 % kustannuksista.

Kokonaiskustannusten tarkastelussa henkilökustannukset olivat suurimmat ja muodostivat keskimäärin 57 % kokonaiskustannuksista. Rakennukset ja tontti tulivat seuraavana 37 % osuudella.

Tutkimuksessa havaittiin, että tilausrivirakenteella oli varsin merkittävä osuus varaston kustannustehokkuuteen. Jos saapuvassa tai lähtevässä tilauksessa on vain yksi rivi, sen rivikohtaiseen käsittelyyn perinteisessä varastossa menee noin kolminkertainen aika verrattuna siihen, jos tilauksessa on kahdeksan riviä tai enemmän.

4. JIT (Just in Time)

Toyotan autotehtailla 1950-luvulla kehitetty tuotanto-
tapa, joka on levinnyt ympäri maailman ja vaikuttanut suu-
resti nykyiseen teolliseen valmistukseen ja etenkin logisti-
seen ajatteluun. Suurin ajattelutavan muutos koski varas-
tointia, jota alettiin tarkastella kriittisemmin.

Ajattelun kehitti Toyotan pääinsinööri. Kerrotaan että hän
vieraili USA:ssa 50-luvulla ja kävi supermarketissa, jossa
hän ihasteli tavaroiden virtausta. Asiakkaat poimivat os-
toksensa hyllyistä ja tavaroita täydennettiin sujuvasti me-
nekin mukaan. Tätä ajatusta hän lähti soveltamaan auton-
valmistukseen ja kehitti tältä pohjalta
JIT-menetelmän. Suomeen JIT tuli 1980-luvulla. Aluksi
Suomessa käytettiin lyhennettä JOT (juuri oikeaan tarpee-
seen). Nykyisin on termi JIT vakiintunut myös Suomessa.
Perusperiaate JIt:ssä on kaiken turhan karsiminen: varas-
tot, virheet, tuottamaton aika, tarpeeton tuotanto, tar-
peeton työ. Kuvassa 14. on vertailtu perinteisen tuotan-
non ja JIT- tuotannon eroja.
Epäsuora työ ja materiaalin käsittely on JIT tuotannossa
huomattavasti pienempää kuin perinteisessä tuotan-
nossa.
Välitön työ eli tuotteeseen lisäarvoa tuova työ on JIT:ssä
tärkeässä roolissa ja suhteellisesti huomattavasti suurem-
paa kuin perinteisessä tuotannossa.

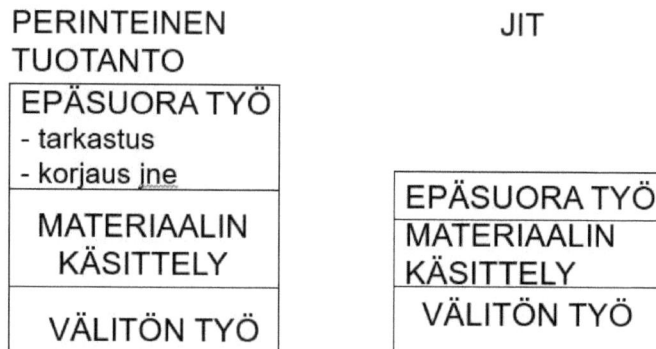

Kuva 14. Perinteisen ja JIT-tuotannon eroja
(MET 7,24/84)

Varsinkin autoteollisuudessa JIT - tuotanto osoittautui 1980–90 luvulla paljon tehokkaammaksi kuin länsimainen tuotanto. Tämä aiheutti sen, että Japaniin tehtiin paljon oppimismatkoja ja myös japanilaisia vieraili länsimaissa konsultoimassa ja opettamassa JIT- tuotantoa.

Seuraavaksi käydään läpi Metalliteollisuuden (MET 7, 24/84) julkaiseman oppaan mukaan keinoja, joilla voidaan päästä kohti JIT- tuotantoa. Keinot on jaettu teknisesti korostuneisiin ja ihmiskorostuneisiin keinoihin. Mainittakoon että tässä vaiheessa ihmiskorostuneet keinot jäivät hyvin vähälle huomiolle. Teknisiä keinoja on 6 kappaletta ja ne pitäisi saavuttaa järjestyksessä. Ensin keino 1, sitten keino 2 ja niin edelleen, kunnes päästään aitoon JIT- tuotantoon.

4.1. Teknisesti korostuneet keinot

1. TUOTESUUNTAUTUNUT TUOTANTO

2. LYHYT ASETUSAIKA

3. IMUOHJAUS

4. TASOITETTU TUOTANTO

5. JUURI AJALLAAN TUOTANTO

6. LAADUNTUOTTOKYKY

Ennen teknisten keinojen läpikäyntiä on hyvä selvittää käsite **Layout**

Layout tarkoittaa tässä yhteydessä pohjapiirrosta yrityksestä. Siinä tarkastellaan yritystä ylhäältäpäin ja piirretään näkyviin vähintään tärkeimmät osastot, koneet, laitteet ja työpisteet.

Kuvaan voi myös piirtää valmistettavan tuotteen liikkuminen valmistuksen aikana. Layout-kuva on erinomainen apuväline toiminnan kehittämiseen. Heijastamalla koko kuva kehitysryhmän nähtäväksi voidaan samanaikaisesti isommalla työryhmällä ideoida ja kehitellä toimintaa paremmaksi. Samalla tavalla voidaan tutkia ja kehittää myös palveluita. Tuotteen kulun sijasta piirretään asiakkaan kulkureitti palvelupisteestä toiseen.

1. TUOTESUUNTAUTUNUT TUOTANTO

Tuotesuuntautuneisuus tarkoittaa sitä, että valmistus suunnitellaan tuotteen mukaan siten, että valmistus olisi mahdollisimman suoraviivaista ja välivarastointia mahdollisimman vähän. Periaatteena on myös tuotteen tekeminen kerralla valmiiksi ilman välivarastointia. Perinteinen valmistus ei välttämättä ota tuotteelle parasta valmistusreittiä huomioon, vaan valmistusreitti suunnitellaan jo olemassa olevien osastojen mukaan ja silloin valmistusreitistä voi tulla hyvinkin mutkikas ja sitä voi olla vaikea valvoa ja ohjata. Lisäksi se synnyttää helposti turhia välivarastoja. Tässä käytetään välivarastoista tai puolivalmistevarastoista lyhennettä KET (keskeneräiset työt).

Kuvassa 15. On esitetty esimerkki perinteisen tuotantotavan työnkulusta layout- kuvan avulla.

Siinä raaka-aineet tulevat tehtaaseen vasemmalla sijaitsevalle lastaus/purkulaiturille ja kiertävät valmistuksessa tarvittavien osastojen kautta. Yleensä vielä jokaisella osastolla on omat KET varastot.

Siirtoja on paljon ja valmistus vaatii jatkuvaa valvontaa, jotta se etenisi tehokkaasti.

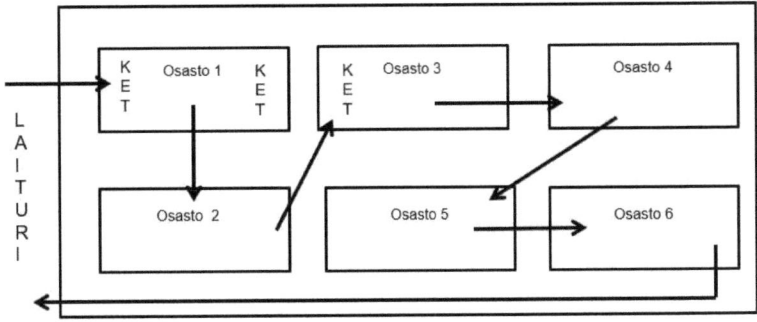

Kuva 15. Perinteinen tuotanto

Yrityksen ja tuotevalikoiman kasvaessa saattaa valmistuksen ohjaaminen muuttua todella hankalaksi. Välivarastot kasvavat ja paljon aikaa kuluu selvittelyyn ja oikeiden osien löytymiseen. Turhan työn määrä kasvaa ja hidastaa tuotantoa. Voi käydä niin, että tuotantomäärä jopa laskee.

Kuvassa 16. esitetään vastaavan tuotteen valmistus JIT-periaatteella. Valmistus on suunniteltu tuotteen mukaisesti. Huomataan, että välivarastoja ei ole ja tuote siirtyy suoraviivaisesti osastolta toiselle. Voidaan noudattaa kerralla valmiiksi -periaatetta eli FIFO (first in first out) periaatetta, tarkoittaen sitä, että pyritään tekemään jokainen tuote valmiiksi asti ilman välivarastointia.

41

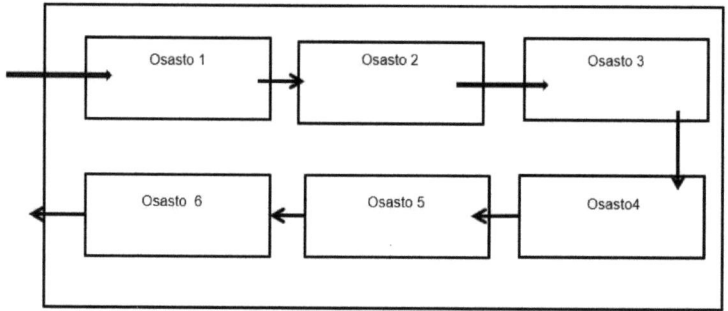

Kuva 16. JIT tuotanto

Lisäksi JIT- periaatteisiin kuuluu siisteys, eli tehtaan latti-
alla ei loju esimerkiksi työstökoneiden tai metallileikkurei-
den vaarallisia metallipalasia. Valvontaa on vähennetty ja
pyritään antamaan työntekijöille enemmän itsenäistä
päätösvaltaa.
Työnjohtajat voivat valvoa tuotantoa visuaalisesti työpis-
teitä korkeammalle sijoitetuista toimistoistaan.

2. LYHYT ASETUSAIKA

Asetusaika (Set-up-time) tarkoittaa aikaa, joka kuluu, kun
vaihdetaan työtehtävästä toiseen työtehtävään.

Esimerkiksi jos työntekijä on saanut edellisen 100 kpl sarjan A-tuotetta valmiiksi ja seuraavaksi pitäisi aloittaa B-tuotteen valmistus, niin asetusaika on se vaihtoaika, mikä kuluu siihen, kun hän voi aloittaa B-tuotteiden valmistamisen.

Asetusaika voi vaihdella hyvinkin paljon minuuteista jopa useisiin tunteihin. Perinteisessä tuotannossa tämän ajan lyhentämiseen ei juuri kiinnitetty huomiota. Pyrittiin suuriin valmistussarjoihin, jolloin asetusajoilla ei ollut paljon merkitystä, kun vaihdoksia ei tarvinnut tehdä kovin usein.

JIT:ssä taas asetusaikoihin kiinnitetään erityistä huomiota. Äärimmäisenä tavoitteena on jopa yhden kappaleen tekeminen kannattavasti. Tähän voidaan päästä, jos työpisteitä kehitetään määrätietoisesti, asetuksia tutkitaan, ideoidaan parannuksia, kuvataan asetusten työvaiheet ja standardoidaan ne.

3. IMUOHJAUS

Myös tuotannonohjauksessa toimitaan täysin päinvastoin kuin perinteisessä tuotannossa. Perinteisesti ajatellaan, että tieto työn aloittamisesta viedään ensimmäisen työvaiheen tekijälle. Kun ensimmäinen työvaihe on valmis, siirretään työ eteenpäin seuraavan eli 2 vaiheen tekijälle ja näin jatketaan, kunnes viimeinen työvaihe on tehty ja tuote on valmis. Työn eteneminen vaatii koko ajan työn etenemisestä huolehtimista eli työnjohtajaa, joka valvoo ja on vastuussa työn etenemisestä. Tätä kutsutaan **työn-töohjaukseksi** (Push). Kuvassa 17. havainnollistetaan asiaa.

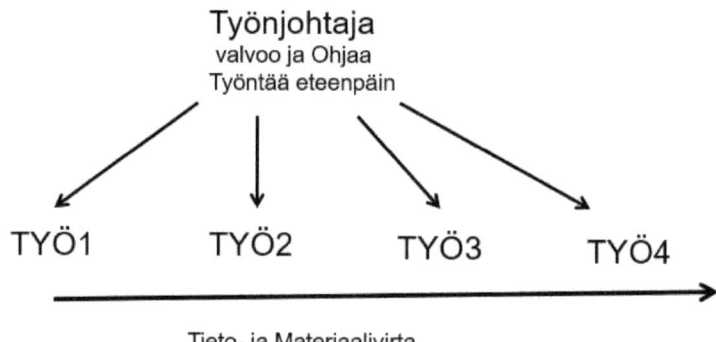

Kuva 17. Perinteinen työntöohjaus.

JIT:ssä tehdään juuri päinvastoin eli tieto työn tekemisestä viedään viimeisen työvaiheen tekijälle, katso kuva 19.
Viimeisen työvaiheen tekijä tilaa edeltävältä työvaiheelta puolivalmisteen, jonka hän viimeistelee lopputuotteeksi. Näin tieto töistä, jotka työpisteissä pitää tehdä, tulee tilauksena seuraavalta työpisteeltä.
Tätä kutsutaan **imuohjaukseksi** (Pull). Kuvassa 18. havainnollistetaan asiaa.

44

Tilauksen välittämisessä taaksepäin käytetään KANBAN -
korttia eli korttia, jolla tilataan edelliseltä työpisteeltä lisää
tarvittavia puolivalmisteita.

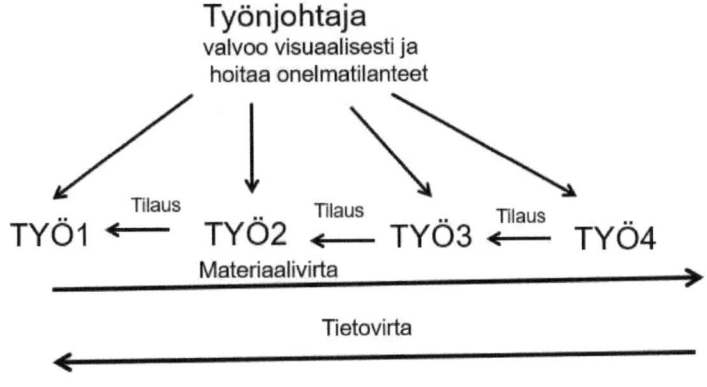

Kuva 18. JIT imuohjaus.

4. TASOITETTU TUOTANTO

Tasoitetussa tuotannossa on saavutettu JIT:n yksi tärkeä
tavoite eli valmistetaan vain sitä mitä on tilattu.
Varastointi on hyvin pientä, välivarastoja ei ole. Tähän
pääsemiseksi pitää edellä läpikäydyt tuotesuuntautunut
tuotanto, lyhyt asetusaika ja imuohjaus olla saavutettu.

Verrataan JIT- periaatetta tasoitetusta tuotannosta perin-
teiseen tuotantoon. Perinteisessä tuotannossa on yleensä
laskettu valmistuserien koot, joilla valmistus on kannatta-
vinta. Valmistuserät ovat tyypillisesti huomattavasti suu-
rempia kuin JIT-tuotannossa.

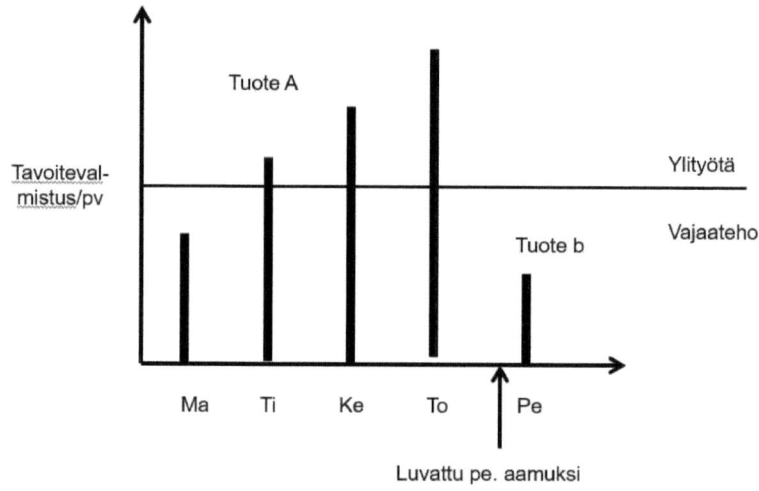

Kuva 19. Perinteisessä tuotannossa on isot valmistuserät.

Kuvassa 19. havainnollistetaan tyypillistä tilannetta perinteisessä tuotannossa. Tuotetta A on saatu myytyä tarvittava määrä, jolla valmistus kannattaa aloittaa. Toimitusajaksi on luvattu asiakkaille perjantai aamupäivä.

Valmistus aloitetaan maanantaiaamuna ja alkuasetusten viemän ajan takia jäädään jälkeen huomattavasti yrityksen päivittäisestä tavoitteesta (valmistusmäärä/pv). Tiistaina, keskiviikkona ja varsinkin torstaina joudutaan tekemään paljon ylitöitä, joiden ansiosta A – tuotteet saadaan lähtemään asiakkaille ajoissa.

Perjantaina alkaa jo kuitenkin seuraavan eli B-tuotteen valmistus, joka noudattaa samaa kaavaa eli aluksi jäädään jälkeen ja sitten tehdään paljon ylitöitä. Toiminta on

tehotonta ja kallista runsaiden ylitöiden ja pitkien asetus-
aikojen takia.

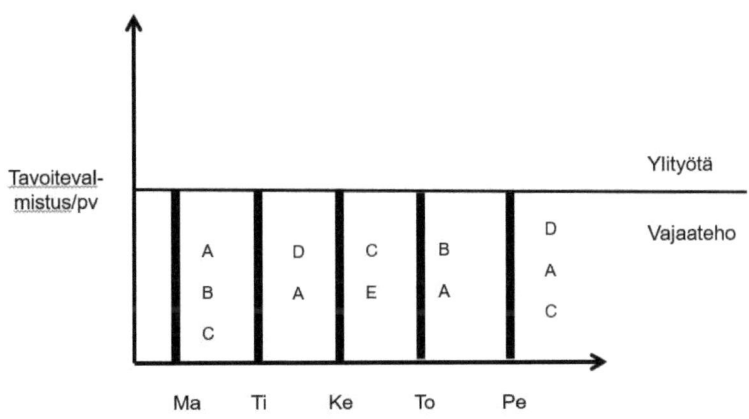

Kuva 20. JIT Tasainen tuotanto.

Kuvassa 20. esitetään miltä valmistusmäärät näyttäisivät,
jos yritys olisi päässyt JIT valmistukseen. Lyhyiden asetus-
aikojen ansiosta voidaan työpäivän aikana tehdä useita
tuotteita, pieninä määrinä, juuri oikeaan tarpeeseen.
Ylityötä ja alituotantoa ei ole.

5. JUURI AJALLAAN TUOTANTO

Tämä periaate sisältää ajatuksen, että valmistetaan vain
niitä tuotteita, joita tarvitaan, juuri se määrä, mitä tarvi-
taan ja juuri silloin, kuin niitä tarvitaan. Kuulostaa yksin-
kertaiselta ja itsestään selvältä ajatukselta, mutta sen

toteuttaminen ei käytännössä ole helppoa ja vain harvat yritykset siihen pystyvät. Juuri ajallaan -periaate on synnyttänyt käsitteen **viivästetty tuotanto**.

Tarkoituksena on tehdä lopullinen tuote täysin valmiiksi vasta kun asiakas tekee lopulliset valinnat tuotteeseen. Esimerkiksi valitsee auton värin, sisustusmateriaalit ja värit. Varsinkin kalliissa osissa kuten auton moottorit, pyritään viivästyttämään moottorin hankintaa mahdollisimman pitkään.

Juuri tarpeeseen tuotanto on aiheuttanut tihentyviä kuljetuksia. Kun ennen toimitettiin esimerkiksi kerran viikossa, niin nyt toimituksia voi olla kerran päivässä tai jopa useamman kerran päivässä. Tämä on aiheuttanut rekkaliikenteen valtavaa kasvua etenkin Keski-Euroopassa, jossa jo aiemminkin on ollut kovia ruuhkia.

Ympäristöjärjestöt pitävätkin JIT:ä lähes kirosanana.

Lisäksi tiheät kuljetukset aiheuttavat sen, että pienet alihankkijat mielellään hakeutuvat ison yhtiön lähistölle, jotta kuljetusmatkat ja -ajat lyhenisivät.

6, LAADUNTUOTTOKYKY

Laatuasiat ovat olennainen osa JIT-ajattelua ja japanilaiset ovat siinä onnistuneet erinomaisesti.

Nykyään esimerkiksi automarkkinoilla japanilaisia automerkkejä pidetään varsin laadukkaina.

JIT-ajattelun ehkä keskeisin oivallus on, että laatu tehdään, sitä ei tarkasteta. Tämä tarkoittaa, että jokainen työntekijä vastaa laadusta ja lähettää vain virheettömiä tuotteita seuraavaan työpisteeseen. Ilmeisesti tämä ajattelu on ollut suhteellisen helppo viedä aasialaiseen

ympäristöön jossa " kasvojen menettäminen " on iso asia ja siksi ei haluta, että työtoveri huomaisi virheen.
Meillä länsimaissa tässä ei olla onnistuttu yhtä helposti vaan yhä edelleen laatua pyritään saavuttamaan tarkastamalla.

Luottamus siihen, että alihankkija tuottaa sovittua laatua ilman tarkastamista aiheuttaa suuria säästöjä JIT-tuotannossa.
Esimerkiksi alihankkija voi toimittaa tuotteensa suoraan tuotantolinjalle.
Toinen keskeinen seikka laatuajattelussa on se, että pyritään estämään inhimilliset virheet rakentamalla prosesseihin laitteita tai apuvälineitä, jotka estävät inhimillisten virheiden syntymisen.

4.2. Ihmiskorostuneet keinot

Kuten aikaisemmin mainittiin, jäivät ihmiskorostuneet keinot JIT:n alkuvaiheessa varsin vähälle huomiolle.
Aluksi puhuttiin hyvin ylimalkaisesti ihmisten sitouttamisesta ja muutospelkojen poistamisesta. Perustettiin laatupiirejä, joiden avulla kannustettiin parannusehdotusten tekemiseen. Myöskään JIT- periaatteiden toteuttaminen pelkästään tuotannossa ei riitä, vaan myös muut osastot pitää sitouttaa palvelemaan näitä periaatteita.
Varsinkin myynnin ja tuotannon yhteistoiminta on tärkeää.
Myynnin pitää olla koko ajan selvillä tuotanto-ohjelmasta ja toimia sen mukaan. Sovittua tuotanto-ohjelmaa pitää noudattaa, jotta äkkinäisiltä muutoksilta tuotannossa vältyttäisiin.

Vaikka JIT-tuotanto pystyykin sopeutumaan muutoksiin nopeasti, niin jatkuvat muutokset voivat aiheuttaa ongelmia.

4.3. Lean

JIT- ajattelun levitessä, ryhdyttiin sitä tutkimaan tarkemmin ja tuloksena oli uusi oppi, jota kutsutaan Lean- johtamiseksi. Termin käännöksenä esitetään niukka, nuuka tai ohut tuotanto. Yleisimmin kuitenkin käytetään Lean termiä.
Lean syntyi ison amerikkalaisen autoteollisuuden teettämän tutkimusprojektin International Motor Vechile Program seurauksena, joka tehtiin vuosina 1985–1990.
Tutkimuksen tuloksena oli, että japanilaiset ovat täysin ylivoimaisia resurssien käytön ja toiminnan organisoinnin osalta. Esimerkiksi työvoiman tarve oli puolet pienempi, tuotekehitysajat olivat pienempiä, keskeneräisten töiden varastot (Ket) olivat huomattavasti pienempiä, virheitä oli myös huomattavasti vähemmän.

Lean- filosofia sisältää kaikki JIT- ajattelun esittelemät tekniset keinot lisättynä samaan aikaan levinneenä tiimityöskentelyn periaatteena, joka korosti ryhmätyötä ja itseohjautuvia työryhmiä. Työryhmiä alettiin kutsua tiimeiksi.

Lean korostaa voimakkaasti kaiken ylimääräisen poistamista. Näitä ylimääräisiä vaiheita kutsutaan myös hukaksi. Kaikki mikä ei tuota asiakkaalle lisäarvoa on hukkaa. Pyrkimyksenä on seitsemän erilaisen hukan poistaminen. Nämä hukat ovat:
Turhat kuljetukset, turhat varastot, turha liikuttelu, turha odottaminen, turha käsittely, turha tuotanto ja turhat viat.

Lean-ajattelu on siis johtamisfilosofia, joka pyrkii poistamaan tuottamattomia toimintoja, parantamaan laatua ja tehokkuutta, mahdollisimman asiakaslähtöisesti.

Leanista on kehittynyt prosessien parannusmenetelmä, jolla organisaatio voi kehittää prosessejaan systemaattisesti ja tehokkaasti. Tavoitteena on kehittää mahdollisimman virtaava tuotanto, jota ohjataan imuohjauksella. Tällä tarkoitetaan sitä, että tuotantoprosessi käynnistyy vasta kun asiakkaan tarve on määritelty ja tilaus tuotteen valmistamiseksi on saatu.

Lean kehitettiin tuotannon tarpeisiin, nykyään Lean- periaatteita pyritään soveltamaan monella alueella. Asiakaslähtöistä suunnittelua voi soveltaa esimerkiksi tuotesuunnittelussa, palvelumuotoilussa ja sovellusten kehittämisessä.

5. Ostotoiminta

Kaupankäynnin perusasioita ovat ostaminen, varastoiminen ja myyminen. Nykyajan talouselämä, markkinat, yhteiskunta ja koko liiketoimintaympäristö tekevät kuitenkin ostamisesta moniulotteisempaa ja vaikeammin hallittavaa kuin menneinä vuosikymmeninä. Hankintojen merkitys yrityksen kilpailukyvylle ja taloudelliselle tulokselle on korostunut erityisesti viime vuosikymmenenä. Yritykset keskittyvät ydinosaamiseensa, ulkoistavat toimintojaan ja hankkivat tarvitsemansa palvelun oman yrityksen ulkopuoliselta palveluntarjoajalta.

Hankintatoiminta vai ostotoiminta, kumpaa termiä kuuluisi käyttää? Seuraavaa jaottelua käytetään tässä kirjassa: Hankintatoiminta voidaan jakaa strategiseen ja taktiseen hankintatoimintaan. Strategiseen hankintaan kuuluvat esimerkiksi toiminnan suunnittelu ja kehittäminen, ennusteet sekä toimittajien valinta ja arviointi. Taktiseen hankintatoimintaan kuuluvat budjetointi ja toimittajien valinta.

Ostotoiminnan puolestaan voisi luokitella operatiiviseksi toiminnaksi, joka sisältää arkirutiinit, kuten tilaamisen, laskujen tarkastamisen ja toimitusvalvonnan. Tarkastellaan ostotoimintaa tässä tarkemmin ja jätetään strateginen ja taktinen hankintatoiminta jatkokurssien käsiteltäväksi.

Ostotoiminnan tehtävänä on hankkia yritykselle sen tarvitsemia tuotteita, raaka-aineita, komponentteja ja palveluita.

Kuvassa 21. on hahmoteltu ostotoiminnan tehtäväkenttää. Tehtäväkenttä on jaettu tuotteiden eli aineellisten hyödykkeiden ostotoimintaan ja aineettomien hyödykkeiden eli palveluiden ostotoimintaan. Kuluttajien ostamista ei yleensä lasketa mukaan, kun käsitellään liiketaloudellista ostamista. Palveluiden ostaminen on voimakkaassa kasvussa. Kasvu johtuu toimintojen ulkoistamisesta.

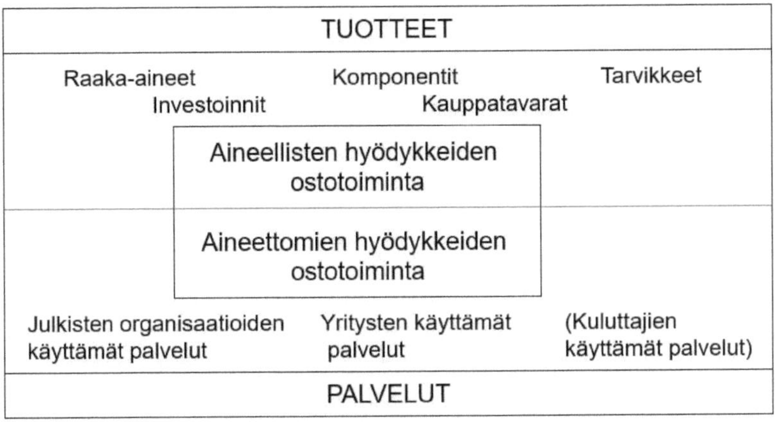

TUOTTEET		
Raaka-aineet Investoinnit	Komponentit Kauppatavarat	Tarvikkeet
Aineellisten hyödykkeiden ostotoiminta		
Aineettomien hyödykkeiden ostotoiminta		
Julkisten organisaatioiden käyttämät palvelut	Yritysten käyttämät palvelut	(Kuluttajien käyttämät palvelut)
PALVELUT		

Kuva 21. Ostotoiminnan tehtäväkenttä

Julkiset hankinnat poikkeavat yritysten hankinnoista siten että niitä säätelee laki julkisista hankinnoista, jonka viimeisin versio on vuodelta 2016. Siinä esimerkiksi määritellään kynnysarvot, joiden ylittävät hankinnat on ilmoitettava julkisesti, jotta kaikilla halukkailla olisi mahdollisuus osallistua tarjouskilpailuun. Julkiset hankinnat ilmoitetaan Hilma nimisessä palvelussa. Hilma on valtionvarainministeriön omistama maksuton, sähköinen ilmoituskanava, jossa hankintayksiköt ilmoittavat julkisista hankinnoistaan. Yritykset puolestaan saavat Hilmasta reaaliaikaista tietoa käynnissä olevista hankintamenettelyistä ja ennakkotietoa tulevista hankinnoista. Hilmassa ilmoitetaan kansallisen ja EU-kynnysarvon ylittävät hankinnat. Julkiset hankinnat perustuvat pitkälti ostajan tekemään tarjouspyyntöön, jossa vaaditaan suurta tarkkuutta ja lakiasioihin perehtyneisyyttä. Julkisia hankintoja on paljon riitautettu, koska tarjouspyynnöissä ja tarjouksissa on ollut puutteita.

Valitukset ovat ruuhkauttaneet markkinaoikeuden, jossa julkisten hankintojen valitukset ratkotaan.

Ostotoiminnan keskeiset tavoitteet on esitetty kuvassa 22. Tavoitteet tuntuvat itsestään selviltä, mutta niiden toteuttaminen käytännössä ei sitä kuitenkaan ole. Jokainen tietää miten hankalaa saattaa olla esimerkiksi kodinkoneen tai huonekalujen ostaminen kuluttajana, täyttäen kaikki kuvassa 22. mainitut ehdot. Yrityksen ostajana tilanne hankaloituu huomattavasti, koska kyseessä ovat muilta tulleet tarpeet, jotka pitää täyttää. Ostajalle onkin tärkeää osata taloudelliset perusteet liiketoiminnasta ja etenkin ostotoiminnasta. Muut yrityksen tuotteisiin ja materiaaleihin liittyvät asiat opitaan yleensä työn ohessa.

Kuva 22. Ostotoiminnan tavoitteet

Ostotoiminnan rooli on muuttunut erittäin paljon viimeisten vuosikymmenten aikana. Perinteinen ostaminen oli painottunut mahdollisimman halvan ostohinnan tavoitteluun. Ostajan piti olla kova neuvottelija, joka pyrki aina kilpailuttamaan toimittajia saadakseen hintoja alaspäin. Tarkoituksena oli palvella yrityksen sisäisiä tarpeita ja onnistumista mitattiin hinnalla.

Tilanne muuttui, kun JIT ajattelun myötä alettiin suuntautua ulospäin ja toimittajia alettiin pitämään arvokkaana resurssina, joiden kanssa voisi tehdä yhteistyötä ja saada muutakin hyötyä kuin alhaiset hinnat.
Alettiin arvostaa laatua, toimitusaikoja ja toimittajan kykyä kehittyä paremmaksi toimittajaksi sekä yhteistyöhalukkuutta.
Ostajia alettiinkin kutsua edistyksellisissä yrityksissä toimittajien kehittäjäksi.

Seuraavassa kehitysaallossa tulivat toimitusketjunhallinnan ajatukset, jotka yhä lisäsivät tarvetta suuntautua ulospäin kohti yhä tiiviimpää yhteistyötä toimittajiin. Ostajia alettiin kutsua Vendor Manager nimikkeellä.

Samaan aikaan ulkoistaminen ja julkiset hankinnat lisäsivät osaamistarvetta. Aliarvostetuista ostajista on tullut arvostettuja osaajia, joiden panosta yrityksen menestykseen pidetään tärkeänä.

Kuvassa 23. havainnollistetaan ostotoiminnan roolin kasvua. Rooli on muuttunut hintakeskeisestä vastakkainasettelusta toimittajien hallinnan kautta vaativaan toimitusketjun hallintaan.

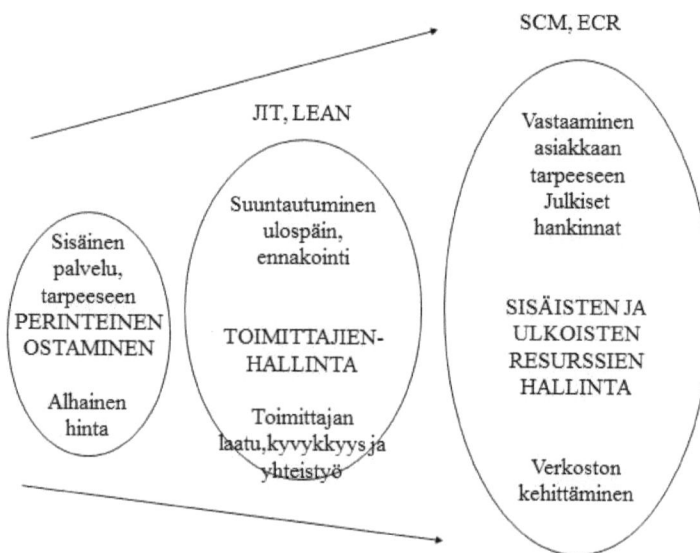

Kuva 23. Ostotoiminnan roolin monipuolistuminen ja kasvu

5.1. Ostotoiminnan vaikutus kannattavuuteen

Ostotoiminnalla on erittäin voimakas vaikutus yrityksen kannattavuuteen, sillä ostotoiminnassa saadut säästöt vaikuttavat suoraan yrityksen kannattavuuteen. Seuraavassa esitetään esimerkkilaskelma oston vaikutuksesta yrityksen kannattavuuteen. Yrityksen tulosluvut ovat seuraavat:

Myynti	10 000 000
Ostokustannukset	7 000 000
Palkat	2 000 000
Muut kustannukset	500 000
Voitto	500 000

Laskelmassa oletetaan, että kustannusten prosentuaaliset osuudet pysyvät samoina. Jos voitto halutaan nostaa 1 miljoonaan, pitäisi valita jokin seuraavista toimenpiteistä:

Myyntiä kasvattaa 1 miljoonaan, laskea palkkoja 25 %, pienentää muita kustannuksia 100 % tai vähentää ostokustannuksia vain 7,1 % (= noin 500 000).

On siis varsin selvää, miten tavoitteeseen päästään eli pienennetään ostokustannuksia 7,1 %. Se voi onnistua vieläpä suhteellisen helposti, jos ostamiseen ei ole aikaisemmin panostettu.

Mitä suurempi osuus ostokustannuksilla on kustannusrakenteessa, sitä suurempi vaikutus ostotoiminnan tehostamisella on yrityksen tulokseen.

Kuvassa 24. esitetään mitä 5 % vähennys ostokustannuksissa merkitsisi eri kustannusrakenteen omaavilla yrityksillä.

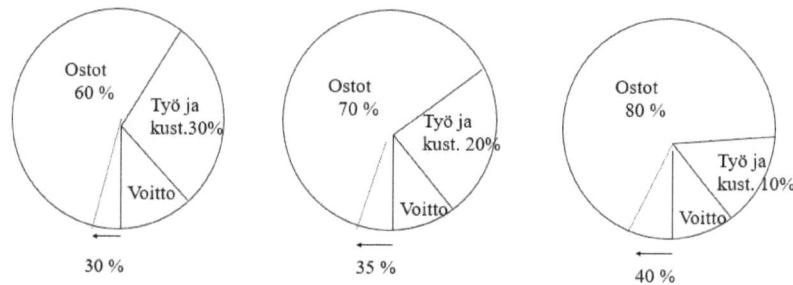

Kuva 24. Ostokustannusten vaikutus kannattavuuteen

Esimerkiksi vasemman puoleisessa kuviossa, jossa osto-
kustannukset ovat peräti 80 % kaikista kustannuksista,
vaikutus on suurin. Kyseessä on varmaankin maahantuoja,
jolla muut kustannukset ovat pienet ja oston kustannukset
suuret jopa 80 %. Tällaisella yrityksellä ostojen onnistumi-
nen on erityisen tärkeää, jos vielä pystytään vähentämään
ostokustannuksista 5 % kasvaa yrityksen voitto peräti 40
%.

6. Kuljetukset

Kuljetukset ovat hyvin tärkeä osa organisaatioiden liiketoi-
mintaa ja erityisesti logistiikkaa. Kuljetusten avulla mah-
dollistetaan tuotteiden siirrot alkulähteiltä kulutuspisteille
asti. Kuljetuksilla on merkittävä vaikutus kustannuksiin,
palvelutasoon ja asiakastyytyväisyyteen. Kuljetusten
avulla pyritään varmistamaan tuotteiden saatavuus oike-
alla hetkellä. Muuten saattaa seurata kalliita seurauksia
kuten menetettyä myyntiä, asiakastyytymättömyyttä ja
tuotannon seisomista. Tärkeää on myös pyrkiä ympäris-
töystävällisyyteen esimerkiksi päästöjen ja energiankulu-
tuksen kautta.

6.1. Kuljetusmuodot

Kuljetukset jaetaan yleensä neljään eri kuljetusmuotoon. Ne ovat tiekuljetukset, rautatiekuljetukset, vesikuljetukset ja lentokuljetukset. Lisäksi on mainittava putkikuljetukset, joilla siirretään nesteitä ja kaasua.

Näistä vanhin kuljetusmuoto on **merikuljetukset,** joita on käytetty jo tuhansia vuosia.
Meriliikenteellä tarkoitetaan lähinnä ulkomaan liikennettä. Vähäistä liikennettä on myös sisävesillä ja kanavien kautta lähinnä Venäjälle, joka on loppunut Ukrainan sodan seurauksena. Meriliikenne on Suomelle välttämättömyys, sillä olemme oikeastaan saari muuhun Eurooppaan nähden ja suurin osa vienti- ja tuontiliikenteestämme on meriliikennettä.

Merirahti on kasvanut viime vuosikymmeninä. Kasvuun on vaikuttanut valtavasti kontin keksiminen.
Kontti on äärimmäisen yksinkertainen keksintö. Se on teräslaatikko, missä voidaan kuljettaa lähes mitä vain ja niitä voidaan pinota päällekkäin laivojen kannelle. Kontin on sanottu merkinneen kuljetusten vallankumousta ja sitä on nimitetty globalisaation rakennuspalikaksi. Konteissa tuodaan Eurooppaan esimerkiksi taulutelevisioita Etelä-Koreasta, pakastettua pihvilihaa Brasiliasta ja viinejä Australiasta. Suurin hyöty konteista saadaan tavarankäsittelyn nopeudesta ja kuljetusten varmuudesta. Muutos on ollut valtava satamissa. Aikaisemmin rahdin purku ja lastaus tapahtui nostureilla ja käsipelillä, mikä oli epäkäytännöllistä ja hidasta. Laivat, junat ja kuorma-autot saattoivat joutua odottelemaan satamissa päiväkausia.

Konttien siirtelyyn ja nosteluun kehitettiin työkoneita, kuten nostureita ja konttilukkeja, joilla konttien siirtely ja pinoaminen sujuvat nopeasti ja tehokkaasti. Käsin tehtävän ahtaustyön määrä väheni huomattavasti. Tapahtui tuottavuushyppäys laivojen purku- ja lastaustyössä. Myöskään kuorma-autojen ja junien ei tarvitse odotella satamissa niin kauan kuin ennen kontteja.

Konttien myötä laivojen koot ovat kasvaneet jatkuvasti, ja on alettu pohtia kuinka suuriksi ne oikein voivat kasvaa. Vaikka uusia ja suurempia aluksia esitellään jatkuvasti, alusten koot ovat todennäköisesti jo löytäneet rajansa.

Telakoiden koko on ensimmäinen este laivojen koon rajattomalle kasvulle. Suuret laivat ovat myös valtava investointi, joka kasvattaa riskejä. Tässäkin on raja alkanut tulla vastaan, kuten Suezin kanavan tukkinut konttialus, joka on esimerkki pienen ohjausvirheen aiheuttamasta vahingosta.

Tiekuljetukset ovat yksi tavaraliikenteen tärkeimmistä muodoista. Suomessa vesikuljetukset olivat pitkään yleisin kuljetusmuoto, mutta tieverkon, autojen tekninen kehitys ja autojen määrän nopea lisääntyminen 1900-luvun alussa vaikutti kuitenkin tieliikenteen voimakkaaseen kasvuun. Nykyään tiekuljetukset ovat Suomessa merkittävässä asemassa, koska sekä teollisuus että asutus ovat sijoittuneet hajanaisesti ja välimatkat ovat pitkiä. Maantiekuljetukset ovat yleisiä paitsi Suomessa myös muualla Euroopassa. Erityisesti Keski-Euroopasta löytyy suuria maantiekuljetuksiin erikoistuneita yrityksiä sekä monipuolisia palveluita tarjoavia logistiikkakeskuksia.

Suomelle tieverkoston kehittyminen on ollut tärkeää. Suomen pinta-ala on laaja ja harvaan asuttu, joten myös tieverkosto on muodostunut laajaksi ja kattavaksi.

Tiestön kunto on kuitenkin ollut puheenaiheena jo monta vuotta, sillä ylläpitoon ei riitä tarpeeksi rahaa, jonka seurauksena pystytään tekemään vain välttämättömimmät korjaukset. Ilmiö on sama koko EU:n alueella. Tilanteen korjaamiseksi on ehdotettu tiemaksuja.

Rautatiekuljetukset ovat parhaimmillaan erityisesti suurten massojen kuljetuksissa ja juna onkin tehokkain vaihtoehto silloin, kun kuljetettavat erät ovat suuria ja säännöllisiä ja kuljetusmatkat pitkiä. Junakuljetusten tehokkuutta ovat jatkuvasti parantaneet kalustomuutokset sekä nopeuksien kasvu. Lisäksi rautatieliikenne on turvallinen, taloudellinen ja ympäristöystävällinen, kestävän kehityksen vaihtoehto. Junaa pidetäänkin juuri ympäristöystävällisyytensä ansiosta tulevaisuuden kuljetusmuotona koko Euroopassa.

Rautatiekuljetukset ovat maantiekuljetusten jälkeen toiseksi suurin kuljetusmuoto Suomessa. Rajoitteena on kiinteä rataverkko, joka ei ulotu kaikkialle ja näin joudutaan yleensä jossain kuljetusketjun vaiheessa turvautumaan maantiekuljetuksiin. Tärkeää Suomen kannalta on kauttakulku eli transitio-kuljetukset Venäjälle ja muihin Ivy-maihin. Historiallisista syistä Suomen raideleveys on sama kuin Venäjällä. Sodan seurauksena on jouduttu etsimään korvaavia reittejä lupaavasti alkaneille junakuljetuksille Kiinaan.

Lentokuljetus on kilpailukykyisin kuljetusmuoto, kun etäisyydet ovat suuret ja käytettävissä on vähän aikaa. Lentoliikenteen painopiste on edelleen matkustajien kuljettamisessa: matkustajaliikenteestä saatavat tulot ovat 8-kertaiset rahtituloihin verrattuna. Rahtiliikenteen osuus kasvaa kuitenkin jatkuvasti eikä se enää ole pelkkä hätäratkaisu pikaisesti perille toimitettaville lähetyksille. Lentorahtina kuljetetaan selvästi arvokkaampaa tavaraa kuin muilla kuljetusmuodoilla.

Lentorahtina voidaan kuljettaa lähes mitä tahansa, mikä mahtuu lentokoneen kuormatilaan ja mitä ei ole turvallisuussyistä kielletty. Erityisesti se soveltuu tuotteille, jotka ovat kokoonsa tai massaansa nähden arvokkaita, säilyvyysajaltaan rajattuja, kausituotteita tai muuten nopeasti ajankohtaisuutensa menettäviä, kuten elintarvikkeet ja sanoma- ja aikakauslehdet.

Muita lentokuljetuksia vaativia tuotteita ovat kiireellisesti perille toimitettavat, esimerkiksi tuotannossa tärkeät varaosat, pitkälle jalostetut tai helposti vahingoittuvat tuotteet.

Osa rahdista kuljetetaan matkustajakoneiden ruumissa ja osa pelkästään rahdin kuljetukseen varustetuilla koneilla. Lentokoneiden rahtikapasiteetti vaihtelee huomattavasti rungon leveydestä ja matkustajakapasiteetista riippuen.
Lentokuljetusten haittana on ympäristön kuormitus kuten polttoaineen kulutus ja meluhaitat. Tästä huolimatta lentokuljetusten suosio on voimakkaasti kasvamassa.
Alalla on kova kilpailu ja lentoyhtiöt pyrkivät liittoutumaan pärjätäkseen kilpailussa.

6.2. Kuljetusten suunnittelu

Kuljetusten suunnittelun avulla pyritään löytämään tehokkaimmat reitit, aikataulut ja kuljetusmuodot. Tavoitteena on pienentää kustannuksia, parantaa toimitusnopeutta ja vähentää ympäristövaikutuksia.

Suunnittelu kannattaa aloittaa kuljetustarpeiden määrittelyllä. Tarkoituksena on selvittää kuljetusten nykytilanne ja mitkä ovat tavoitteet, joihin pyritään. Myös tulevaisuuteen ulottuvia tavoitteita olisi hyvä hahmotella. Suunnitteluun vaikuttaa mm. haluttu palvelutaso, kustannukset ja käytetäänkö omaa kuljetusta vai ostopalvelua.

Suunnittelu voidaan jakaa strategiseen ja operatiiviseen suunnitteluun.
Kuljetusten strateginen suunnittelu kattaa koko organisaation kuljetustoiminnan ja siinä kuljetuksia käsitellään koko logistiikkaketjun osana. Tavoitteena on mm. päättää varastojen ja terminaalien sijainti, eri kuljetusmuotojen käyttö ja palvelutaso. Suunnittelun aikaväli on yleensä vähintään neljännesvuosi. Kuljetusten strateginen suunnittelu olisi hyvä kytkeä organisaation vuosisuunnitteluun ja budjetointiin.

Operatiivisen suunnittelun tuloksena syntyy toimintasuunnitelma, joka sisältää esimerkiksi kuormat ja ajoreitit seuraavalle päivälle. Mikäli tulee muutoksia kuten ajoneuvon rikkoontuminen, reitin viivästyminen tai uusia tilauksia, pitäisi muutoksiin pystyä reagoimaan välittömästi uusilla toimintaohjeilla. Nopeaan reagointiin tarvitaan yleensä ohjauskeskus, joka seuraa ja tekee muutoksia reaaliaikaisesti.

7. Toimitusketjun käsite

Toimitusketju on logistiikkaa laajempi käsite, joka kattaa usean organisaation muodostaman yhteistyön. Yhteistyön avulla pyritään sovittamaan yksittäisten organisaatioiden logistiset toiminnot ja prosessit mahdollisimman tehokkaasti toimivaksi kokonaisuudeksi.

Näkemys suoraviivaisesta (lineaarisesta) ketjusta syntyi 1980-luvun lopulla. Kehitysprojektien perusteella huomattiin, että koko ketjun toimintaa tarkastelemalla ja kehittämällä voidaan saavuttaa merkittäviä hyötyjä. Kuvassa 25. on esitetty perinteinen näkemys toimitusketjusta, jossa materiaalien ja lopputuotteiden lisäksi liikkuu myös pääoma ja informaatio.

Ketjun tarkasteleminen kokonaisuutena raaka-ainelähteiltä aina loppuasiakkaaseen asti koettiin uutena kilpailutekijänä. Samalla myös tiedostettiin, että toimitusketjut kilpailevat keskenään yksittäisten yritysten sijaan.

Toimitusketju

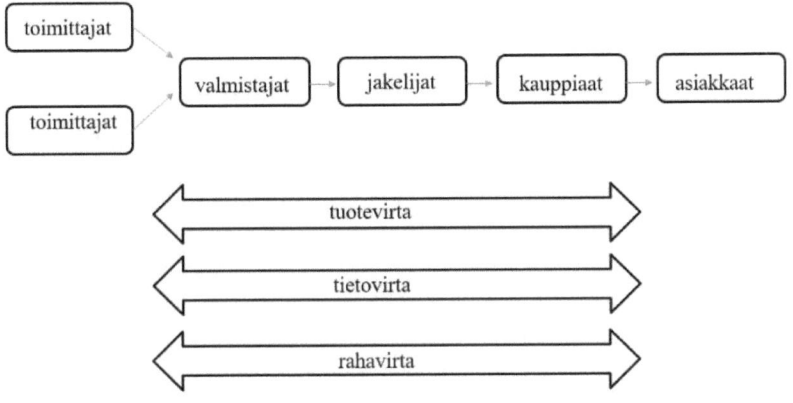

Kuva 25. Perinteinen toimitusketju

Toimitusketjussa kullakin organisaatiolla on oma roolinsa ja sen rakenne riippuu yrityksen tuotteista, toimialasta ja asiakkaista. Monesti käytetään myös nimitystä arvoketju, jolla viitataan ketjun tuottamaan lisäarvoon tuotteisiin ja palveluihin. Lisäarvoa tuottamattomat osat pyritään poistamaan ketjusta tai parantamaan niiden toimintaa.

Toimitusketjujen keskeisiksi periaatteiksi nousivat:
- Lisäarvon tuottaminen tuotteisiin ja palveluihin
- Pitkälle viety yhteistyö ja ohjaus koko ketjussa

- Päällekkäisten toimintojen ja rakenteiden poistaminen
- Tiedonkulun parantaminen

Näiden periaatteiden toteutumisen jälkeen ketjun toiminnassa päästäisiin seuraaviin parannuksiin:

- Mahdollisimman lyhyisiin läpimenoaikoihin
- Toimitusvarmuuteen
- Nopeaan vasteeseen (Quick Response) eli kysyntä- ja kilpailutilanteen muutosten välittämiseen koko ketjulle

Toimitusketjun kuvaamisessa käytetään yleisesti kuvassa 26. esitettyjä käsitteitä. Toimintaa verrataan joessa virtaavaan veteen. Puhutaan ylävirran toimittajista ja alavirran toimijoista kuten tukkuliikkeet ja vähittäiskaupat. Näiden välissä on kohdeyritys (Focal Firm), jonka kannalta ketjua tarkastellaan.

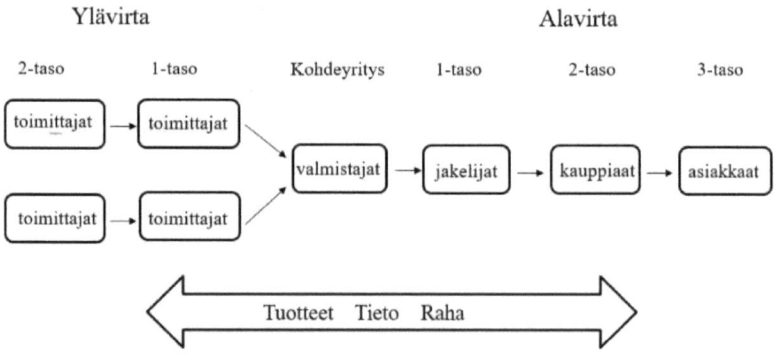

Kuva 26. Ketjun osat/ käsitteet

Kohdeyrityksen pitää määrittää oma roolinsa toimitusketjussa ja pyrkiä parantamaan omaa toimintaansa siten että toimitusketju hyötyisi siitä mahdollisimman paljon.

Toimitusketjuissa saavutettavissa olevia hyötyjä voidaan miettiä esimerkiksi tuotannollista valmistusta harjoittavan yrityksen varastojen kautta. Asiaa on havainnollistettu kuvassa 27.

Tuotantoyrityksillä on yleensä vähintään kolmen tyyppisiä varastoja: raaka-aine-, puolivalmiste- ja lopputuotevarastoja. Kussakin varastossa tehdään vastaanottoa, hyllyttämistä, keräilyä ja lähettämistä. Lisäksi on paljon tukitoimintoja kuten inventoimista, kirjanpitoa ja siirtoja. Jos toimitusketjussa on peräkkäin 5 valmistavaa yritystä, on koko ketjussa siis 5 x 3 = 15 varastoa. Jokaisessa varastossa tehdään samoja työvaiheita. Tästä voidaan päätellä, että kehittämällä toimintaa ja poistamalla päällekkäisiä työvaiheita voidaan saada aikaan suuria parannuksia ja kustannussäästöjä.

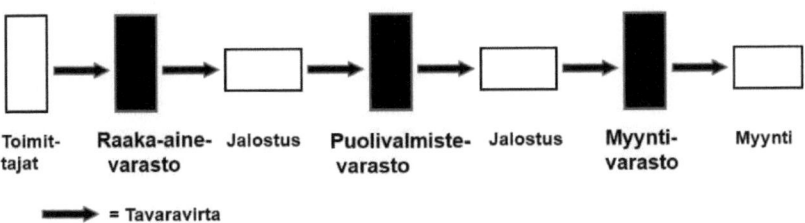

Kuva 27. Valmistusta harjoittava yritys

7.1. Toimitusketjuissa havaittuja ongelmia

Tunnetuin ongelma on **Bullwhip-ilmiö**. Suomessa käyte-
tään nimitystä piiskavaikutus. Kyseessä on kysyntätiedon
vääristyminen, kun tieto kulkee toimitusketjussa.
Alkuperäinen kassapäätetieto (POS= Point of Sales) muut-
tuu ja voi poiketa huomattavasti todellisesta tiedosta.
Tieto vääristyy, kun jokainen porras käyttää edelliseltä jä-
seneltä saamaansa tietoa oman toimintansa suunnitte-
luun ja ennustamiseen. Seurauksena voi olla voimakas hei-
lahtelu, joka näkyy voimakkaimpana toimitusketjun ylä-
juoksulla. Ilmiön seurauksena joudutaan tuotantoa ja va-
rastoja kasvattamaan tarpeettomasti.
Ilmiötä on havainnollistettu kuvassa 28.

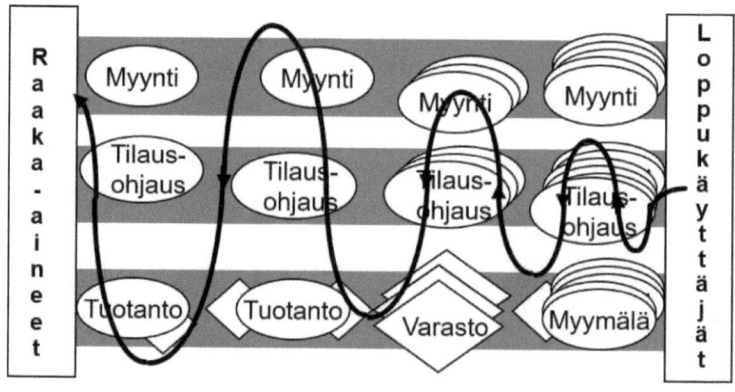

Kuva 28. Piiskavaikutus

Tilaussykli-ilmiö syntyy, kun toimitusketjussa käytetään varastojen hälytysrajoja tilausten tekemiseen. Tämä heikentää ennustettavuutta, varsinkin jos toimittajalla ei ole tietoa asiakkaansa varastotilanteesta ja tilaussykleistä (tilausväleistä).

Pelko puutetilanteesta saattaa aiheuttaa ylisuuria tilauseriä. Tilanne syntyy helposti, jos edellisellä tilausjaksolla on tilattu liian vähän ja tuote on päässyt loppumaan. Seuraavalla tilauskerralla tilataan liikaa ja näin koko ketjun tilausmäärät ovat liian suuria.

Toimitusketjujen ongelmien suurin aiheuttaja on **tiedonvälityksen puute tai sen heikko laatu**. Ongelma on ollut tiedossa ja sitä on yritetty parantaa esimerkiksi juuri ECR-toiminnalla. Tulokset ovat kuitenkin olleet varsin huonoja. Kysyntätiedon välittämiseen liittyy riskejä, jotka estävät tiedon välittämistä, esimerkiksi tiedon ajautuminen kilpailijalle.

Tiedon jakamisen puutteiden on havaittu aiheuttavan seuraavia ongelmia toimitusketjuissa:

- ylisuuria varastoja, joista seurauksena vanhenemista ja pilaantumista

- tuotantokapasiteetin ylittymistä, jolloin tarvitaan ylikapasiteettia ja pahimmassa tapauksessa tehdään virheinvestointeja

- asiakaspalvelun heikentymistä (puutteita ja toimitusaikojen pidentymistä)

- jatkuva epätasapaino aiheuttaa resurssien tehotonta käyttöä ja kustannusten kasvua (esim. ylityöt)

(Tekes 69/99)

Toimitusketjujen merkityksen kasvaessa huomattiin kilpailun siirtyneen yksittäisten yritysten välisestä kilpailusta toimitusketjujen väliseksi kilpailuksi. Tämä synnytti tarpeen toimitusketjujen hallinnalle.

8. Toimitusketjun hallinta, SCM (Supply Chain Management)

Toimitusketjun hallinnalla tarkoitetaan organisaatioverkoston materiaalivirran ja siihen liittyvien tieto- ja pääomavirtojen kokonaisvaltaista suunnittelua, ohjausta ja johtamista.

Tavoitteena on luoda mahdollisimman tehokas kokonaisuus, jonka avulla pyritään optimoimaan yhteistyöverkoston toimintaa. Olennaista on ketjun rakenteen muodostaminen ja sen jatkuva kehittäminen. Ketjuissa esiintyy monesti yhden ison organisaation johtama integroitu toimitusketju tai verkostoitumiseen perustuva ketju.

1990-luvulla syntyi kaksi menetelmää mallintaa ja tehostaa perinteistä lineaarista toimitusketjua. Nämä aikoinaan suurta suosiota saavuttaneet kehitysmenetelmät ovat teollisuuden piirissä syntynyt SCOR-malli ja vähittäiskaupan synnyttämä ECR- toiminta. Lisäksi teollisuudessa pyritään toimitusketjuja hallitsemaan Lean tai Agile valmistuksella.

8.1. SCOR-malli

Toimitusketjuissa piilevä suuri säästöpotentiaali ja mahdollisuus tehostaa toimintaa aiheutti yritysjohdon kiinnostuksen heräämisen. Kehittämistoiminnan tueksi perustettiin 1996 Supply Chain Council (SCC), joka oli riippumaton, voittoa tavoittelematon organisaatio. Perustajina oli 69 yritystä lähinnä Yhdysvalloista. Toiminnan laajentuessa myös eurooppalaiset organisaatiot tulivat mukaan. Toiminnan ansiosta julkaistiin kehittämismalli nimeltään SCOR (Supply Chain Operations Reference Model).

Mallissa keskitytään prosessien kehittämiseen ja vertailuanalyysiin (benchmarking). Prosessien mittaamiseen ja vertailuun suositellaan mittareita, joiden avulla omaa toimintaa voidaan vertailla alan parhaimpiin toimijoihin. Malli muodostuu 5 pääprosessista, jotka ovat: suunnittelu (Plan), hankinta (Source), toimitus (Deliver) ja palautus (Return). Pääprosessit on edelleen jaettu alaprosesseihin ja kuvattu sanallisesti parhaiden toimintamallien mukaan. Mallia kehitettäessä sen laajuus kasvoi jatkuvasti. Tämä on aiheuttanut mallin käytön vähäisen hyödyntämisen, etenkin pohjoismaissa. Olin mukana projektissa, jossa testasimme versiota 6.0 pkt-yrityksiin ja totesimme että hyödyt jäävät helposti varsin pieniksi. Isoille yrityksille mallin hyödyntäminen voi tuoda isojakin hyötyjä.

Hyötyjä tulee maantieteellisestä kaaviosta, malliprosesseista sekä mittareista, joita malli ehdottaa. Kuvassa 29. on esitetty mallin kaavio.

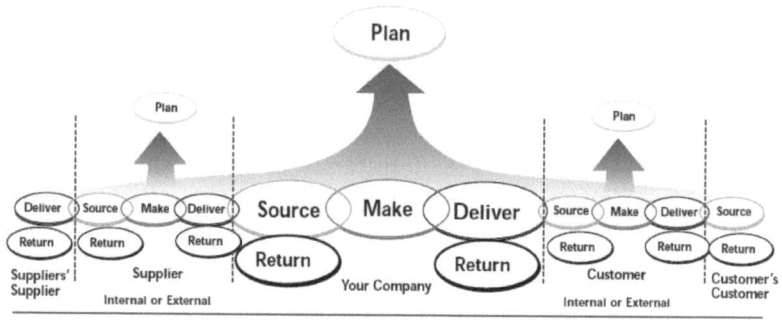

Kuva 29. SCOR-Malli (Supply Chain Council, Version 6.0)

SCOR-malli on lähtenyt liikkeelle tuotantoyritysten parista ja keskittyy pitkälti tuotannon tarpeisiin. Malli ei sisällä esimerkiksi myyntiä ja markkinointia. Prosessit on jaoteltu kolmeen tuotannolliseen tapaan, jotka ovat tuotanto varastoon (Make-to-Stock), tuotanto tilauksesta (Make-to-Order) ja suunnittelua vaativa tuotanto (Engineer-to-order). Huomion arvoista on, että jo tässä vaiheessa oli mukaan otettu palautusprosessi. Tosin tässä vaiheessa (2006) ei vielä ajateltu palautettujen tuotteiden jatkokäyttöä. Versiossa 10 vuodelta 2010 oli malliin tullut mukaan myös Green SCOR, jossa on mukana myös päästölaskentaa. Mallin puutteena voi pitää sen keskittymistä omaan yritykseen ja sen 1-portaan toimittajiin ja asiakkaisiin. Malli sopii parhaiten isoille yrityksille, joilla on valmistusta ja varastointia monessa eri paikassa. Tällaisille yrityksille on hyödyllistä käyttää apuna karttaa, johon merkitään toimipisteet ja niissä tapahtuva toiminta. Tämä mahdollistaa toimitusketjun hahmottamisen maantieteellisesti. Näin jokaista toimipistettä voidaan arvioida ja päättää sen järkevin rooli ketjussa. Karttaan on merkitty jokaisen toimipisteen karkean sijainnin lisäksi myös prosessit, joita

toimipisteessä hoidetaan. Nuolilla osoitetaan materiaali-
virrat. Tällaisen kokonaistarkastelun avulla saadaan kuvat-
tua toimitusketju varsin havainnollisesti. Kokonaiskuvan
avulla voidaan myös hahmottaa ketjussa tapahtuvia muu-
toksia ja suunnitella kehityskohteita.

Karttaesitystä on havainnollistettu kuvassa 30. Kuvassa
esiintyvät kirjainlyhenteet kuvaavat prosesseja, joita ky-
seisessä toimipisteessä suoritetaan kuten D1. D=Deliver
toimitusprosessi.

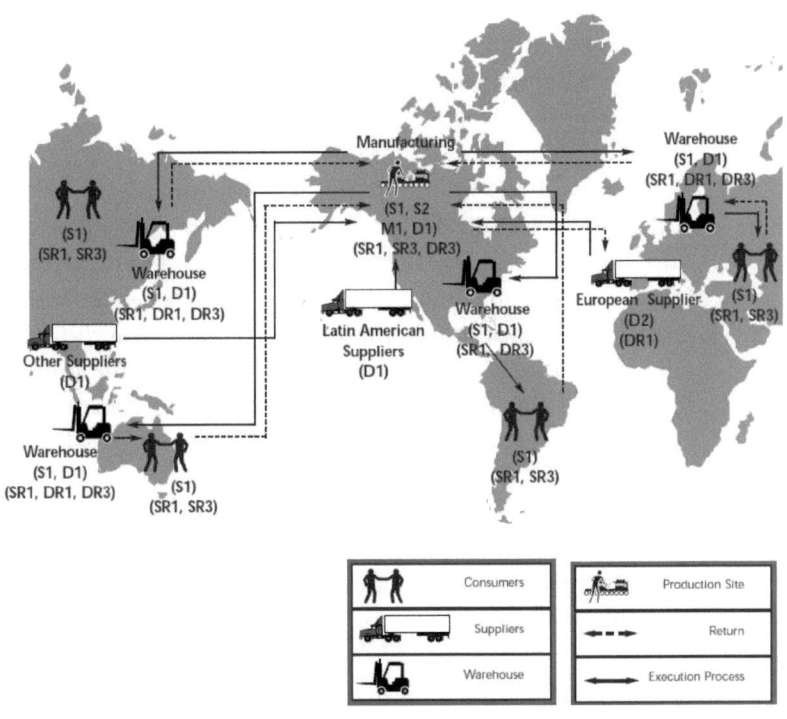

Kuva 30. Maantieteellinen kartta (Supply Chain Council,
Version 6.0)

73

Mallia ylläpitää nykyään kansainvälinen voittoa tavoittele-
maton organisaatio ASCM (Association for Supply Chain
Management). Viimeisin versio on 14.

8.2. ECR-toiminta

Teollisuuden lisäksi alettiin kiinnittää huomiota toimitus-
ketjuihin myös kaupan alalla. Kehitysprojektien perus-
teella huomattiin, että yhteistyössä, omista periaatteista
hieman tinkimällä, pystyttiin koko ketjun toimintaa kehit-
tämään merkittävästi.

Vähittäiskaupan piirissä syntyi 1990-luvun alussa tarve
tutkia ja kehittää elintarviketeollisuuden jakeluketjua.
Kurt Salmon Associates konsulttiyrityksen tutkimuksen tu-
loksena syntyi uusi toimintamalli, joka nimitettiin Efficient
Consumer Response toiminnaksi (ECR). Ideana oli yhdistää
aikaisemmin teollisuudessa hyväksi havaitut toimintamal-
lit päivittäistavarakaupassa toimivaksi kokonaisuudeksi.
Tavoitteena on kuluttajan ohjaama järjestelmä, jossa jake-
lija ja tuottaja toimivat tiiviissä yhteistyössä kuluttajan tyy-
tyväisyyden parantamiseksi ja kustannusten pienentä-
miseksi. Yhteistyön avulla loppuasiakkaalle arvoa tuotta-
mattomat toiminnot pyritään poistamaan tai niiden vaiku-
tusta vähentämään.

Keskeisiä havaintoja oli, että monissa jakeluketjuissa kes-
kitytään optimoimaan omat voitot siirtämällä kuluja mui-
den maksettavaksi. Myös tiedon välittäminen oli huonoa.
Tieto kuluttajan ostoksista myymälässä siirtyi hitaasti ta-
varantoimittajille. Epävarmuus kysynnästä johtaa isoihin

varmuusvarastoihin ja korkeisiin varastokustannuksiin koko ketjussa.

Kuluttajatiedon välittämisellä tehokkaasti ketjussa, voidaan ennakoida tarkemmin kysyntää ja vähentää varmuusvarastoja sekä vähentää puutetilanteita. Näin kuluttaja vaikuttaa yhä enemmän kaupan valikoimapäätöksiin. Näin on käynyt esimerkiksi kasvispohjaisten tuotteiden kohdalla. Kassapääteinformaatio (POS=Point of Sales) on siis keskeinen tieto, jonka välittäminen vaatii hyvää yhteistyötä organisaatioiden välillä.

ECR-toiminnalle on ehdotettu seuraavia suomennoksia:

Kysyntälähtöinen hankintayhteistyö

Asiakaslähtöinen tarjontaketjun hallinta

Tehokas kuluttajalähtöinen yhteistyö

ECR-toiminnan historia

- ECR lähti liikkeelle USA:sta 1990-luvun alussa
- ECR Europe perustettiin 1994
- Euroopassa ensimmäinen ECR-konferenssi pidettiin tammikuussa 1996
- ECR Finland perustettiin syyskuussa 1996
- Suomessa ensimmäinen virallinen ECR-seminaari pidettiin marraskuussa 1996

ECR-toiminta oli voimakkaammillaan 2000-luvun alkupuolella. ECR-Finland järjesti seminaareja ja koulutusta. Toiminnalla pyrittiin edistämään kaupan ja teollisuuden

75

yhteistyötä. Poistamalla tarpeettomia kustannuksia päivittäistavaroiden jakeluketjusta ja parantamalla kuluttajalähtöisyyttä. Tavoitteeksi asetettiin perinteisen jakeluketjun muutos, jota havainnollistetaan kuvissa 31. ja 32.

Perinteisessä päivittäistavaroiden jakeluketjussa on kolme erillistä järjestelmää, jotka ovat:

1. Tavarantoimittajalta tukkukauppaan

2. Tukkukaupasta vähittäismyymälään

3. Vähittäismyymälästä kuluttajalle

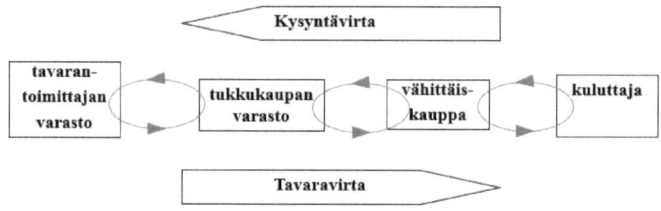

Kuva 31. Perinteinen päivittäistavaroiden jakeluketju

ECR-yhteistyössä tavoitteena on yksi yhteinen jakeluketju, jossa tieto ja tuotteet virtaavat nopeasti ja varmasti sinne missä niitä tarvitaan. Tavoitteena olevaa jakeluketjua on havainnollistettu kuvassa 32.

76

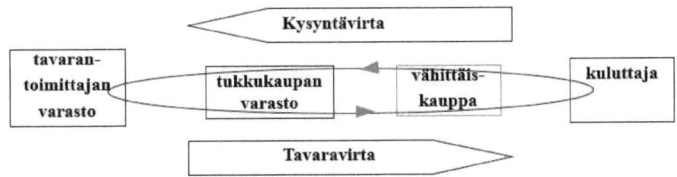

Kuva 32. Päivittäistavaroiden tavoitteena oleva jakelu-
ketju

Muutamia onnistuneita projekteja kysynnän ennusta-
miseksi onnistuttiin toteuttamaan. Lisäksi julkaistiin seu-
raavia raportteja:

- Tavararyhmähallinta
- Tehokkaat valikoimat
- Tehokkaat tuotelanseeraukset
- Yhteistyössä tehtävä myynninsuunnit-
  telu, ennustaminen ja tuotetäydennys

Nykyisin ECR-toiminta on muuttanut muotoaan. Suo-
messa toimintaa jatkaa GS1 Finland Oy, joka on vuodesta
2017 asti vastannut ECR-toiminasta Suomessa. GS1 Fin-
land Oy on puolueeton ja voittoa tavoittelematon organi-
saatio, joka kehittää ja hallinnoi maailman käytetyimpiä
tuotetietojen sekä yksilöinnin standardeja, joista tunne-
tuin on EAN-viivakoodi. GS1:n palveluihin kuuluu nykyi-
sin:

- Globaalit ja yksilölliset tunnistetiedot, jotka mah-
  dollistavat tuotteiden saamisen kauppaketjujen
  valikoimiin

- Viivakoodit tehostamaan tuotteiden vastaanottoa ja kassatoimintoja
- Synkka-palvelun avulla jaetaan tuotetietoja ja -kuvia kauppakumppaneiden kesken
- Golli- palvelun avulla esimerkiksi tilaajan ja toimittajan välistä tiedonsiirtoa sähköistetään (https://gs1.fi)

Periaatteessa SCM ja ECR ajattelussa on kyse samasta asiasta eli pyritään tehostamaan tuotteiden valmistus- ja jakeluketjua. Ajattelutavoissa on kuitenkin eroa, joka johtuu varmaankin syntytavasta.

ECR on syntynyt vähittäiskaupan piiristä ja tarkastelukulma toimitusketjuun on myös selkeästi kaupan näkökulma eli lähdetään liikkeelle vähittäiskaupasta sekä tukkukaupasta ja otetaan tarkasteluun lähinnä tavarantoimittajat, jotka toimittavat näille kaupan portaille. Tarkastelua ei välttämättä uloteta pidemmälle seuraavan portaan toimittajiin.

SCM ajattelussa tarkastelu on laajempi, eli koko jakeluketju raaka-aineista loppukuluttajiin. Tätä eroa on havainnollistettu kuvassa 33. Ero on toki kaventunut, kun kauppaketjut pyrkivät myös nykyään tarkastelemaan hankintojaan kestävästi ja tuotteiden alkuperästä halutaan tietoja.

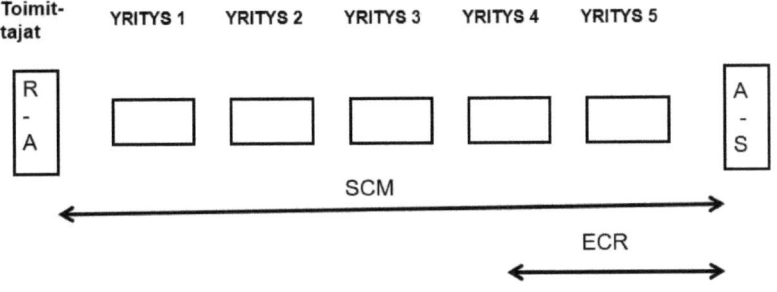

Kuva 33. SCM ja ECR ajattelun ero.

8.3. Lean ja Agile

Teollisuus pyrkii sopeuttamaan toimintaansa yhä nope-
ammin muuttuviin tuotevariaatioihin ja vaatimuksiin ly-
hyistä toimitusajoista. Perinteisen massavalmistuksen
opit, jotka perustuvat suurin volyymeihin ja lähes vakio-
tuotteille, eivät sovi nopeasti muuttuville markkinoille.
Teollisuudessa voidaan erottaa **Lean** ja **Agile** lähestymis-
tavat toimitusketjun hallintaan.
Lean on peräisin autoteollisuudesta ja siellä syntyneestä
JIT-tuotannosta. Lean korostaa jatkuvaa parantamista ja
kaiken turhan karsimista kuten turhat varastot ja turha
työ. Lean tuotanto sopii hyvin isoille valmistusmäärille ja
vakiotuotteille. Lean reagoi hitaasti muutoksiin. Lean ter-
min käyttö on etääntynyt alkuperäisestä merkityksestään,
joka oli sama kuin pieniin tuotantoeriin perustuvassa Jit-
valmistuksessa. Lean tuotanto on yleisin tapa hallita toi-
mintaa perinteisillä isojen volyymien markkinoilla.

Markkinoille, joilla kysyntä on epävarmaa, tuotevariaati-oita on paljon ja varastotasot on pidettävä alhaisina, tarvi-taan joustavampaa ja mukautuvampaa tuotantotapaa.

Agile valmistuksella viitataan joustavaan ja nopeaan tuo-tantotapaan, joka pystyy mukautumaan nopeasti muuttu-viin asiakastarpeisiin ja markkinatilanteisiin.
Kysynnän muutokset pyritään välittämään mahdollisim-man nopeasti kassapäätetietojen avulla. Näin saadaan ajantasaista tietoa markkinoiden muutoksista.
Tyypillisenä tuoteryhmänä mainitaan usein muotivaat-teet, joiden kysyntää on vaikea ennustaa. Ennusteiden tu-eksi pyritään hankkimaan näkemyksiä markkinamuutok-sista asiantuntijoilta. Näin voidaan paremmin ennakoida tulevia muutoksia ja täydentää ennusteiden osuvuutta.
Nopeisiin muutoksiin varaudutaan esimerkiksi hankki-malla valmistukseen lisäkapasiteettia, käyttämällä vuok-ratyövoimaa, kouluttamalla työvoimaa monitaitoiseksi ja automatisoinnilla. Lisäksi tuotannossa pyritään sovelta-maan Jit- periaatteita.

Joustavalle toimitusketjulle on tyypillistä kuvassa 34. esi-tetyt ominaisuudet.
Ensinnäkin vaaditaan hyvää markkinatuntemusta, joka tarkoittaa, että pystytään havaitsemaan kysynnän muu-tokset nopeasti ja reagoimaan niihin. Tietojärjestelmien avulla kerätään ajantasaista tietoa kysynnästä ja välite-tään se toimitusketjun osapuolille. Tietojärjestelmät ja tie-don jakaminen ostajien ja toimittajien välillä tekee toimi-tusketjusta virtuaalisen.
Virtuaalisuudella tarkoitetaan tietojärjestelmiin ja tietoon perustuvaa toimitusketjua, jossa tietoa välitetään nope-asti ketjun toimijoille.

Prosessien kehittämisellä ja yhdenmukaistamisella voidaan saavuttaa merkittäviä hyötyjä tuotekehityksessä, tietojärjestelmissä ja ydinkyvykkyyksiin keskittymisessä. Yhteistyön tulee siis tärkeäksi. Tämä vaatii verkostomaista toimintatapaa, jossa pyritään hyödyntämään verkoston vahvuuksia.

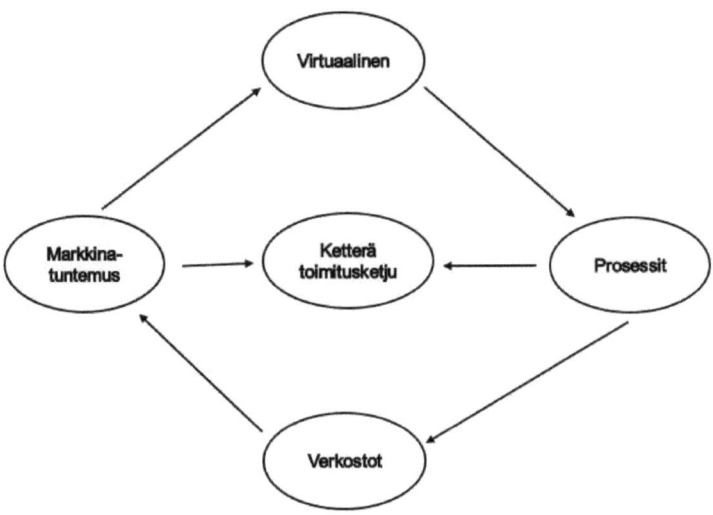

Kuva 34. Agile toimitusketjun ominaisuuksia (mukailtu Christopher)

Agile-ketjussa toimiminen vaatii merkittäviä muutoksia perinteiseen ajatteluun, joka perustuu toimitusmäärien ja varastojen sijaintien optimointiin. Agile-ketjussa on havaittu, että tiedon jakamisen ja varsinkin todellisen kysyntätiedon jakamisella saadaan merkittäviä hyötyjä. Joustava ja ketterä toimintatapa pitää ulottaa koko ketjun toimintaan. Martin Christopher esittää seuraavia periaatteita, joiden avulla voidaan luoda Agile toimitusketju.

1. Synkronisoi ketjun toimintaa
   Organisaatioiden toimintaa pyritään yhtenäistämään jaetun tiedon ja yhtenäistettyjen prosessien avulla. Tämän mahdollistaa nykyaikaiset pilvipalvelut, joiden avulla voidaan jakaa tietoa kysynnästä, varastoista ja kapasiteetista.

2. Työskentele älykkäämmin, älä kovemmin
   Poistamalla ketjusta arvoa tuottamattomat vaiheet voidaan tehostaa toimintaa ja lyhentää läpimenoaikoja. Prosessien kehittäminen yleensä tuottaa näitä hyötyjä. Monet toimintatavat ovat muotoutuneet itsestään ja voivat olla vanhentuneita ja tehottomia.

3. Tee yhteistyötä toimittajien kanssa toimitusaikojen lyhentämiseksi.
4. Vähennä monimutkaisia toimintatapoja
5. Viivästytä tuotteiden lopullista valmistusta
6. Johda prosessien avulla
7. Käytä mittareita, jotka kuvaavat joustavuutta/ketteryyttä

8.4. Integroitu toimitusketju

Integroitu toimitusketju perustuu yhden organisaation määräävään asemaan, joka mahdollistaa toimittajien valinnan, kontrolloimisen ja kehittämisen omien päämäärien saavuttamiseksi. Kyseessä ei siis ole aito yhteistyö vaan oman toiminnan sopeuttaminen ison asiakkaan toiveiden mukaiseksi. Usein pienet toimittajat ovat heikossa asemassa ja kannattavuuden kanssa voi olla ongelmia. Isolta toimijalta voidaan saada apua oman toiminnan kehittämiseen, kuten lainaa investointeihin ja apua tuotekehitykseen. Huonoilla, kehityskelvottomilla toimijoilla on vaarana pudota pois ketjusta. Kehityskelpoisille toimittajille voidaan tarjota lainoja, auttaa tuotantoon tarvittavien laitteistojen hankinnassa ja hankkia osaomistuksia.

Näin toimien koko toimitusketju voidaan saada erittäin tehokkaaksi ja saavuttaa merkittävää kilpailuetua. Määräävään asemaan pääseminen on hankalaa ja onnistuu vain harvoilta.

Ikea esimerkiksi on mukana ketjussa puukaupasta lähtien ja on hionut logistiset toimintansa hyvin tehokkaaksi. Usein mainitaan litteät paketit, varastoterminaalit sekä kuljetusten ohjaaminen oikeisiin tavarataloihin. Varastoterminaaleissa isoista kuljetusvälineistä purettava tavara pyritään ohjaamaan nopeasti eteenpäin pienemmillä kuljetusvälineillä. Melkoisena innovaationa voidaan pitää myös varastotilojen avaamista asiakkaille. Asiakkaat keräilevät tuotteet itse ja hoitavat myös kokoamisen.

8.5. Verkostoituminen

Verkostoituminen on vaihtoehtoinen toimintatapa, jos ketjussa ei ole kellään määräävää asemaa. Verkostoitumisessa haetaan sopivia yhteistyökumppaneita, joiden kanssa toimimalla päästään tehokkaaseen toimitusketjuun. Verkostoitumiseksi on tärkeää ulkoistaa toimintoja ja käyttää palveluja oman ydinosaamisen apuna. Kumppaneiksi haetaan parhaita mahdollisia toimittajia. Tässä korostuu ostotoiminnon rooli toimittajakentän hallitsemisen kautta. Toimittajista pyritään löytämään kyvykkäitä toimijoita, joiden kanssa voidaan tehdä pitkän aikavälin yhteistyötä toiminnan kehittämiseksi. Pyrkimyksenä on poistaa perinteinen vastakkainasettelu ostajan ja myyjän väliltä. Yhteistyö voi edetä hyvin tiiviiksi tuotekehittelyksi ja tuottaa molemmille merkittäviä hyötyjä. Tällaista ostajan ja myyjän suhdetta voidaan nimittää **vertikaaliseksi kumppanuudeksi.**

Liittoutuma on horisontaalinen suhde eli toimitusketjun samassa portaassa toimivien yritysten yhteistyön muoto. Liittoutumalla tavoitellaan mittakaavaetuja, kustannussäästöjä sekä kilpailuetua. Liittoutuminen esimerkiksi samalla alalla toimivan kilpailijan kanssa sisältää suuria riskejä kuten tietovuodot ja toimintatapojen kopioiminen.

Parhaimmillaan verkostoituminen voi johtaa monien toimintojen yhteistyöhön. Edellytyksenä yhteistyölle on tiedon jakaminen ja luottamus. Kuvassa 35. on esitetty mahdollisia yhteistyötiimejä.

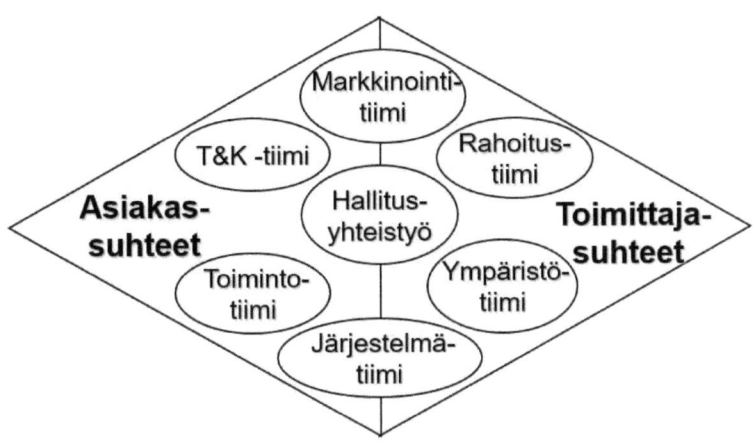

Kuva 35. Yhteistyötiimejä (Jakelu 2020)

Kyvykkäiden toimittajien löytämisessä nousee ostotoiminnan rooli varsin keskeiseksi. Ostotoiminnon pitää tuntea myös tuotekehitystä voidakseen valita sopivat toimittajat. Tämän lisäksi ostotoiminnan on tunnettava myös omien asiakasmarkkinoiden vaatimukset ja tarpeet. Parhaimmillaan yhteistyö voikin luoda jopa uutta liiketoimintaa. Yhteistyötiimeissä pyritään hyödyntämään toimittajien osaamista ja luomaan osaamista, jota organisaatiolla ei itsellään ole. Tiimejä voi olla tuotekehityksessä, tietojärjestelmissä, markkinoinnissa ja ympäristön huomioimisessa.

Verkostoituminen toimitusketjussa vaatii yritykseltä oman aseman hahmottamista. On tunnistettava kilpailijat, kumppanit ja pystyttävä luomaan liittoutumia ja kumppanuuksia. Toimitaan siis arvokentässä, jossa onnistuminen on edellytys kilpailussa pärjäämiselle. Arvokenttää on havainnollistettu kuvassa 36.

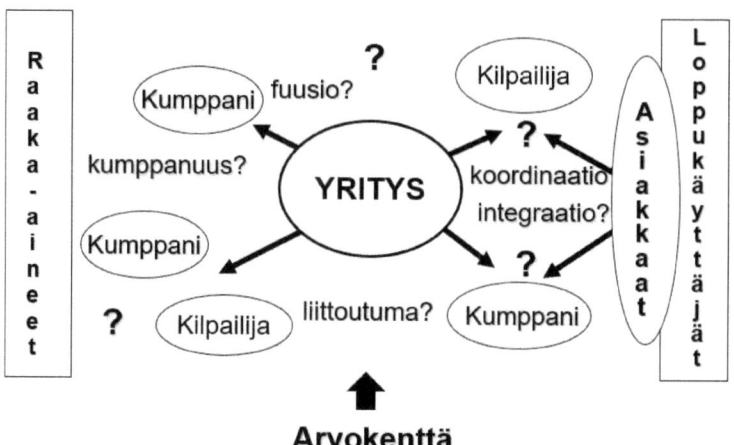

Arvokenttä

Kuva 36. Yrityksen verkostoituminen arvokentässä (Jakelu 2020)

Arvokentässä onnistuminen vaatii keskittymistä omiin ydinkyvykkyyksiin ja oikeiden palveluntarjoajien käyttöä. Tätä tarvetta varten on markkinoille syntynyt globaaleja palveluntarjoajia. Logistiikkapalvelut ovat kehittyneet voimakkaasti viimeisten vuosikymmenten aikana. Omista logistiikkatoiminnoista siirrytään yhä enemmän palveluntarjoajien käyttämiseen.

Logistiikkapalvelujen tarjoajista käytetään lyhenteitä 1PL, 2PL, 3PL ja 4PL. Lyhenteiden avulla tiedetään käyttäjän ja palveluntarjoajan välisen yhteistyön taso. Lyhenteen avulla myös tiedetään minkä tason palveluja yritys pystyy tarjoamaan. Kuvassa 37. on havainnollistettu asiaa. PL lyhenne tulee sanoista Party Logistics ja numero kertoo

ulkoistamisen asteesta. Esimerkiksi 2PL (Second party logistics) toisen osapuolen logistiikka tarkoittaa palveluyritystä, joka tarjoaa esimerkiksi kuljetus- tai varastointipalvelua. Kolmannen osapuolen palvelussa (3PL) logistiikkaa
on ulkoistettu huomattavasti enemmän palvelun tarjoajalle., joka käyttää myös itse ulkopuolisia palveluntarjoajia.

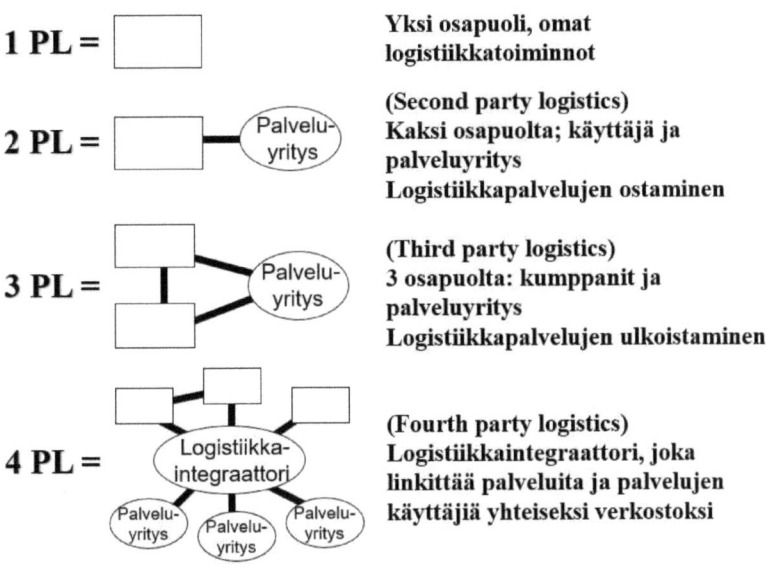

Kuva 37. Logistiikkapalvelujen tuottajat (Jakelu 2020)

3PL palvelussa toimeksiantaja säilyttää vielä itsellään toimintojen ohjauksen. 3PL palvelusta on muodostunut hyvin yleinen ulkoistamistapa. 4PL palvelu on vielä harvinaisempi tapa, jossa koko logistiikan ohjaus ja koordinointi on

luovutettu ulkopuoliselle palvelun-tarjoajalle. Kuvassa 38.
on esitetty logistiikkapalvelujen ja ulkoistamisen kehitys.

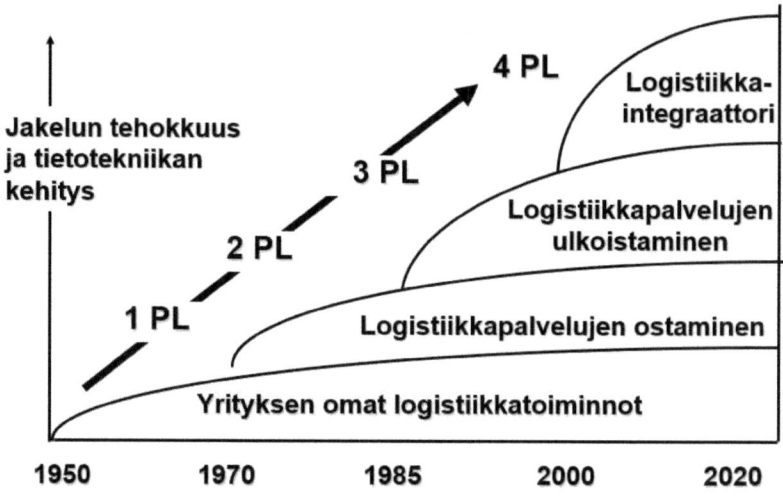

Kuva 38. Logistiikkapalvelujen ja ulkoistamisen kehitys (Ja-
kelu 2020)

4PL palvelu on uusi palvelumuoto, jossa koko toimitusket-
jun ja logistiikan hallinta on ulkoistettu palvelun tuotta-
jalle. Jakelu 2020 kirjassa käytettiin nimitystä Logistiikkain-
tegraattori. Kuvassa 39. havainnollistetaan asiaa. Integ-
raattori pyrkii luomaan laajan verkoston logistiikkatoimi-
joista ja luomaan asiakkaalle parhaan mahdollisen palve-
lun.

4PL voi tarjota merkittäviä tehokkuusetuja toimitusketjun hallinnassa, johtuen toimittajan verkostoista, yhteyksistä ja kokemuksista toimitusketjuratkaisuista. Haittapuolena on kontrollin menettäminen logistiikka- ja toimitusprosessista.

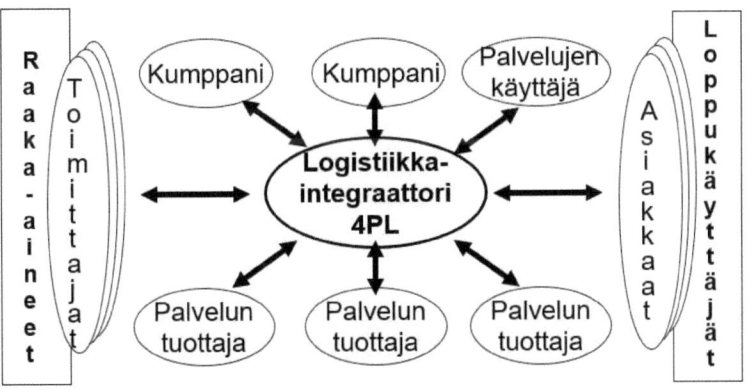

Kuva 39. Logistiikkaintegraattori (Jakelu 2020)

Nykyisin toimitusketjut ovatkin muuttuneet monimutkaisiksi organisaatioiden välisiksi **verkostoiksi**.

8.6. Toimitusverkostot

Lineaarisesta toimitusketjusta siirrytään yhä enemmän verkostomaiseen toimintaan, jossa hyödynnetään

89

tietovarastoja ja yhteistyötä tehokkaasti. Kuvassa 40. havainnollistetaan tapahtumassa olevaa muutosta.

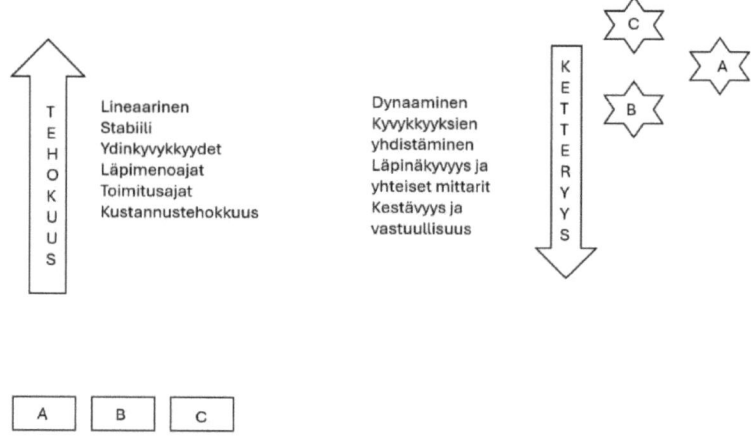

Kuva 40. Lineaarisesta ketjusta toimitusverkostoksi (Katri Valkokari VTT, mukailtu)

Toimitusketju nähdään suoraviivaisena, lineaarisena toimintana, jossa keskitytään tehokkuuteen. Kuvan alareunassa A,B ja C nähdään toimijoina, joilla on selkeä tehtävä, jota ne toteuttavat peräkkäisten toimijoiden ketjussa. Jokaisella toimijalla on ydinkyvykkyyksiä, jotka parantavat ketjun kokonaistehokkuutta. Toimitusajat, kustannukset ja läpimenoajat ovat asioita, joita painotetaan ketjun toimintaa kehitettäessä. Nämä ovat edelleen tärkeitä tekijöitä kilpailukykyistä verkostoa rakennettaessa.

Verkosto ei ole suoraviivainen, peräkkäisten toimijoiden kokonaisuus. Verkostossa toimijoiden roolit voivat muuttua ja ydinkyvykkyyksiä yhdistellään eri tavoin. Verkosto on siis dynaamisempi ja ketterämpi kuin perinteinen ketjurakenne. Liittoutumia ja kumppanuuksia käyttämällä pyritään luomaan uusia innovaatioita ja tehostamaan toimintaa. Tavoitteena saavuttaa nopea vaste muuttuviin tarpeisiin. Kestävyys ja vastuullisuus ovat tärkeässä roolissa.

8.7. Moniverkosto

Moniverkostossa toimija kuuluu useaan verkostoon samanaikaisesti. Näissä ympäristöissä kriittiseksi tekijäksi muodostuu verkostojen suunnitelmallinen hallinta ja hyödyntäminen. Yhteisten toimintatapojen suunnittelu ja noudattaminen on tärkeää. Pilvipalvelujen avulla voidaan käyttää yhteisiä tietovarastoja. Kyseisiä verkostoja on esimerkiksi isoissa projekteissa, joissa on paljon toimijoita ja sidosryhmiä.

8.8. Ekosysteemi

Ekosysteemillä tarkoitetaan yhteistyön muotoa, johon osallistuvat yritykset, tutkimuslaitokset, julkishallinto sekä kolmannen sektorin toimijat. Tarkoituksena on tuottaa vuorovaikutuksen ja yhteiskehittämisen avulla uusia tuotteita, palveluja ja innovaatioita. Ekosysteemiin kannattaa liittyä, kun organisaatio ei yksin pysty ratkaisemaan ongelmaa. Esimerkiksi Business Finland tarjoaa apua ekosysteemien rakentamiseen. Ekosysteemit parantavat yritysten mahdollisuuksia innovoida, kasvaa ja menestyä kansainvälisessä kilpailussa.

9. Kiertotalous

Kiertotaloudella tarkoitetaan tuotanto- ja kulutusmallia, jossa materiaalit ja tuotteet hyödynnetään mahdollisimman tehokkaasti korjaamalla, kunnostamalla ja kierrättämällä. Näin tuotteiden elinkaari pitenee. Tarkoitus on tuottaa mahdollisimman vähän hukkaa ja jätettä. Kiertotalous on muuttanut periteistä tapaa kuvata toimitusketjuja suoraviivaisena, lineaarisena kuviona. Kuvaustapana käytetään ympyrää, joka sopii hyvin esittämään uutta ajattelutapaa.

Kuvassa 41. esitetään kiertotalouden mukainen kuvaustapa.

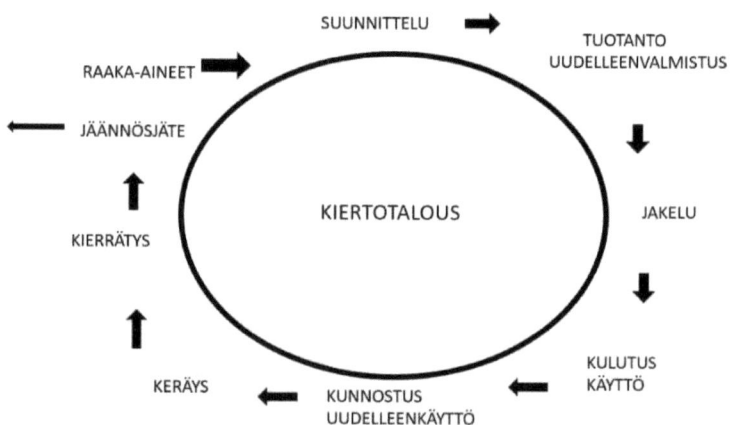

Kuva 41. Kiertotalous

92

Vähemmän raaka-ainetta, vähemmän jätettä, vähemmän päästöjä

Kiertotaloudessa materiaalit ja tuotteet hyödynnetään mahdollisimman pitkälle lainaamalla, vuokraamalla, uudelleen käyttämällä, korjaamalla, kunnostamalla ja kierrättämällä. Näin tuotteiden elinkaari pitenee. Kiertotaloutta tarvitaan koska maapallon resursseja on rajallinen määrä ja niiden jatkuva louhinta lisää energian kulutusta ja hiilidioksidipäästöjä. Kiertotalouteen siirtymällä pyritään vähentämään ympäristön kuormitusta. Tavoitteena on tulevaisuus, jossa voidaan elää maapallon kantokyvyn rajoissa. Aihe on hyvin ajankohtainen ja esimerkiksi Sitra on julkaissut käsikirjan yrityksille: **Kestävää kasvua kiertotaloudesta.** Käsikirja on suunnattu yrityksille, jotka haluavat tarttua kiertotalouden mahdollisuuksiin ja lähteä kehittämään kiertotalouden mukaista liiketoimintaa.

Käsikirjassa tuodaan esiin nykyisten arvoketjujen tehottomuus kiertotalouden näkökulmasta. Tehottomuuksia ovat:

1. Materiaalien käyttö
   - materiaaleja ei saada talteen
   - käytetty energia ei ole uusiutuvaa
2. Hyödyntämätön kapasiteetti
   - tuotteita ja resursseja käytetään tehottomasti
   - käytetään vain osan ajasta ja kaikkia ominaisuuksia ei hyödynnetä
3. Tuotteiden lyhyt elinikä
   - tuotteet eivät ole käytössä koko elinikäänsä

- korjauksen tai huollon puuttuminen
4. Arvo hukkaan elinkaaren lopussa
- arvokkaita materiaaleja, komponentteja tai energiaa ei saada talteen elinkaaren lopussa
5. Asiakassuhteista ei saada kaikkea irti
- keskitytään tuotteiden määrälliseen myyntiin, tämän seurauksena voidaan menettää lisämyynnin mahdollisuudet tuotteen elinkaaren aikana, kuten huolto- ja korjauspalvelut

Näihin tehottomuuksiin puuttumalla voidaan luoda lisäarvoa ja uutta liiketoimintaa organisaatioille. Lisäetuna erottaudutaan kilpailijoista, parannetaan mainetta ja rahoituksen saatavuutta kiertotalouden avulla.

Sitran käsikirjassa esitetään viisi liiketoimintamallia, jotka auttavat organisaatioita muuttamaan arvoketjujensa tehottomuuksia lisäarvoksi. Nämä liiketoimintamallit ovat:
1. Kiertävät raaka-aineet
2. Jakamisalustat
3. Tuote palveluna
4. Elinkaaren pidentäminen
5. Resurssien talteenotto

Kiertävät raaka-aineet mallilla tarkoitetaan, että tuotannossa hyödynnetään kierrätettyjä ja biopohjaisia materiaaleja sekä uusiutuvaa energiaa. Tuotteiden suunnittelussa hyödynnetään mahdollisimman paljon kierrätettäviä, korjattavia ja kestäviä materiaaleja.

Jakamisalustat ovat sovelluksia, joiden avulla on mahdollista kasvattaa tavaroiden ja resurssien käyttöastetta esimerkiksi vuokrauksen, yhteiskäytön ja jakamisen kautta.

Tuote palveluna mallissa tarjotaan asiakkaalle mahdollisuus käyttää tuotetta tilaus- tai käyttömaksua vastaan ilman tarvetta omistaa.

Elinkaaren pidentämisen avulla pyritään huollon, korjaamisen ja päivittämisen avulla pidentämään käyttöikää. Myös uudelleenmyynti tulee mahdolliseksi pienten korjausten kautta.

Resurssien talteenoton avulla hyödynnetään kaikki käyttökelpoiset ja arvoa sisältävät materiaalit. Energian talteenotto jätteestä tai tuotannon sivuvirroista.

9.1. Päästöjen raportointi

Kestävän kehityksen periaatteiden korostaminen koko toimitusketjussa herättää usein ristiriitaisia tunteita johtajissa ja muissa keskeisissä päättäjissä. Huolimatta kestävän kehityksen maine- ja markkinointihyödyistä, sen sijoitetun pääoman tuottoa on vaikea mitata perinteisillä mittareilla. Maailmassa, jossa jopa 60 prosenttia päästöistä on peräisin toimitusketjuista, on ehdottoman tärkeää saada yritysjohtajat omaksumaan kestävän kehityksen tärkeys tulevaisuuden liiketoiminnassa.

Sijoitetun pääoman tuoton sijasta organisaatioiden kannattaa kiinnittää huomio kestävyyden merkitykseen markkinoinnissa, keinona lisätä myyntiä ja lisätä kuluttajien luottamusta. Vain vastaamalla lisääntyvään sääntelyyn voidaan menettää kilpailuetua.

Nykyisillä globaaleilla markkinoilla kestävyydestä on tullut laaja sosiaalinen odotus. Kuluttajat ja sidosryhmät pitävät yrityksiä yhä useammin vastuullisina lakisäänteisten velvollisuuksien noudattamisesta, mutta myös siitä mitä niiden pitäisi tehdä ympäristön hyväksi. Siksi kestävän kehityksen tavoitteet on sisällytettävä yleiseen liiketoimintastrategiaan, jotta varmistetaan tavoitteiden huomioiminen myös budjetoinnissa.

Päästöjen raportoinnista on tullut tärkeämpää, kun yhä useammat asiakkaat ja yhteistyökumppanit haluavat tietää toimintansa aiheuttamat päästöt.
Myös kansainvälinen sääntely velvoittaa raportointiin. Euroopan Unionin kestävyysraportointidirektiivi CSRD (Corparate Sustainability Reporting Directive) hyväksyttiin Europarlamentissa marraskuussa 2022. GSRD koskee porrastetusti suomalaisia yrityksiä vuodesta 2024 alkaen. Vuonna 2027 raportointi koskee myös Pk-yrityksiä.

LCA eli elinkaariarviointi (Life Cycle Assesment), on menetelmä. jolla arvioidaan tuotteen, palvelun tai prosessin ympäristövaikutuksia sen koko elinkaaren ajan. Tämä kattaa kaikki vaiheet raaka-aineiden hankinnasta tuotantoon, käyttöön ja lopulta kierrätykseen tai hävittämiseen.
Monet yritykset ovat lähteneet kehittämään päästölaskentaansa. Osto ja logistiikka lehti 4/2022 kertoo, kuinka Viking Line käynnisti 2021 hankkeen, jonka tavoitteena oli selvittää laivamatkan todelliset päästöt rahtiyksikköä kohden. Tarve tälle selvitykselle lähti asiakaskunnasta.

Kansainväliset kuljetusyritykset tiedustelivat laivamatkan aiheuttamista päästöistä. Laivamatka on osa kuljetusketjusta ja sen aiheuttamat päästöt ovat tärkeitä kuljetus- ja huolintayrityksille, jotta ne voisivat selvittää koko oman ketjunsa päästöt.

Osto ja logistiikka lehdessä 5/2023 kerrotaan Tokmanni halpakauppaketjun vastuullisuustyöstä. Tavoitteekseen yhtiö on asettanut olla hiilineutraali vuonna 2025. Lisäksi Tokmannin tavarantoimittajilla tulee olla ilmastotavoitteet vuoteen 2025. Hankinnoista 70% tulee suomalaisilta tavarantoimittajilta, 10% muualta Euroopasta ja 20% Aasiasta, lähinnä Kiinasta.

Vastuullisuustyö on kehittynyt organisaatiossa ja sitä tehdään yhteistyössä hankinnan, rahoituksen ja it-toimintojen kanssa. Lisäksi yhteistä päätöksentekoa varten on perustettu vastuullisuuden ohjausryhmä. Kotimaisten tavarantuottajien vastuulla on Suomen lainsäädännön ja sosiaalisen vastuun noudattaminen ja tuoteturvallisuus.

Shanghaissa on yhteinen hankintatoimisto norjalaisen halpakauppa-ketju Europrisin kanssa, joka selvittää 40 hengen voimin paikallisten toimitusketjujen laatu-, vastuullisuus- sekä kaupallisia asioita. Tarkoituksena on varmistaa, että tuotanto on sovitun mukaista, tekemällä tehdaskäyntejä ja seuraamalla laaditun kriteeristön noudattamista. Sitouttamalla suuret tavarantoimittajat saadaan vaatimukset vyörymään eteenpäin toimitusketjussa.

Esimerkkien takia voidaan päätellä, että yritykset ovat lähteneet toteuttamaan päästöjen raportointia varsin aktiivisesti. Myös kestävän kehityksen nostaminen strategiseksi osaksi liiketoiminnan suunnittelua on edennyt hyvin.

10. Prosessit logistiikassa ja toimitusketjuissa

Liiketoimintaprosessien kehittäminen on hyvin tärkeä ja keskeinen osa logistiikan ja toimitusketjujen kehittämisessä.

Prosessijohtamisesta tuli 1990-luvulla oppi, johon uskottiin ja ajateltiin sen murtavan perinteisen hierarkkisen organisaation. Uskottiin että prosesseja johtamalla saadaan merkittävää kilpailuetua. Ajatuksena on, että yritys on yhtä tehokas kuin sen prosessit. Kuitenkin valitettavan harvat yritykset toimivat tänä päivänä aidosti prosessien johtamisen avulla. Tuntuu että tämäkin johtamisoppi on jäänyt hieman taka-alalle.

Prosessien kuvaaminen ja parantaminen ovat laajasti käytössä, varsinkin kun laatusertifikaattien saamiseksi vaaditaan prosessien kuvaamista. Myös tietojärjestelmiä hankittaessa pitäisi ensin parantaa omat prosessit kuntoon ja hankkia uusi järjestelmän vasta sen jälkeen .

Prosessi on sarja peräkkäisiä tehtäviä tai toimintoja, joita tehdään tietyn tavoitteen saavuttamiseksi.
Prosessit jaotellaan yleensä pääprosesseiksi, alaprosesseiksi ja tukiprosesseiksi.

Laajimpia prosesseja on tilaus-toimitusprosessi, joka nimensä mukaisesti alkaa tilausten vastaanotosta ja kulkee koko yrityksen läpi tilauksen toimittamiseen asiakkaalle. Oikeastaan tilaus-toimitusprosessi on lähes sama kuin logistiikkaprosessi, joka myös alkaa asiakkaan tilauksesta ja päättyy kun tilaus on toimitettu asiakkaalle. Kuvassa 42. on havainnollistettu tilaus-toimitusprosessia.

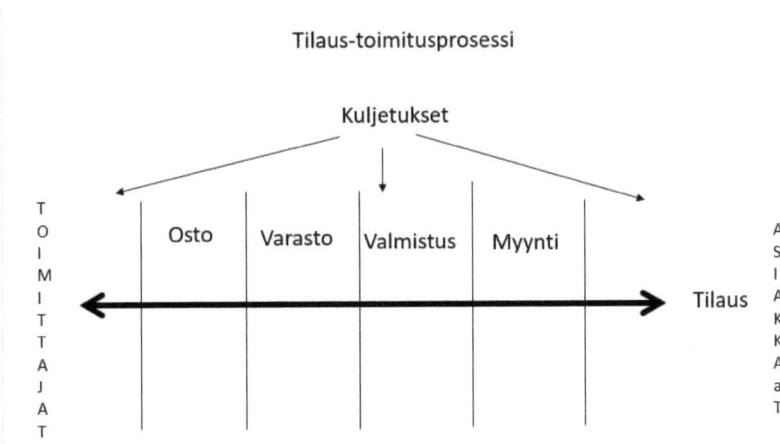

Kuva 42. Tilaus-toimitusprosessi

Tilaus-toimitusprosessi on pääprosessi. Sen aliprosesseja on osto-, varasto-, valmistus-, myynti- ja kuljetusprosessit. kuljetukset jakaantuvat sisäisiin kuljetuksiin sekä tulo- ja lähtökuljetuksiin.

Osto- ja myyntiprosesseilla on keskeinen merkitys toimitusketjun tehokkuuden kannalta. Ketjussa toimittajan myynti ja asiakkaan osto voivat toimintojaan kehittämällä ja yhteistyötä parantamalla kehittää toimitusten sujuvuutta. Kuvassa 43. on esitetty ostoprosessin vaiheet. Ostoprosessi alkaa ostoehdotuksesta, jota seuraa toimittajan valinta, ostotilauksen teko ja seuranta. Varastoon saapumisen jälkeen laskun tarkistus ja maksu. Ostoprosessia pyritään automatisoimaan siten että mahdollisimman suuri osa ostoista hoituisi tietojärjestelmän kautta automaattisesti. Ostoprosessin vaiheet kuten maksu ja toimittajien valinta ovat alaprosesseja. Nämä voidaan pilkkoa edelleen yksittäisiksi työvaiheiksi, joita pyritään parantamaan.

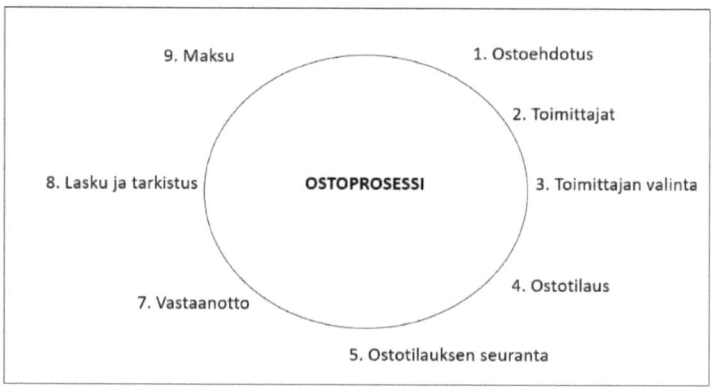

Kuva 43. Ostoprosessin vaiheet (alaprosessit)

Ostoprosessin tukiprosessina toimii esimerkiksi toimittajamarkkinoiden seuranta ja uusien toimittajien etsintä.

10.1. Prosessien tehostaminen

Prosessien tehostamisessa pyritään tarkastelemaan prosesseja kriittisesti. Pyrkimyksenä on hahmottaa nykytilanne, parantaa toimintaa, kuvata tavoitetilanne ja viedä se käytäntöön. Prosessien kehittämiseen on luotu paljon malleja ja siitä on kirjoitettu paljon oppaita. Seuraavaksi käydään yksinkertainen mutta varsin hyvin toimiva tapa kehittää prosesseja.

Keskeiset työvaiheet ovat:
A. Prosessien tunnistaminen ja tietojen kerääminen
B. Prosessien analysointi ja kuvaaminen
C. Tavoitetilan hahmottelu
D. Tavoitetilan kuvaaminen

Kuvassa 44. on esitetty prosessien kehittämisen karkea periaate.

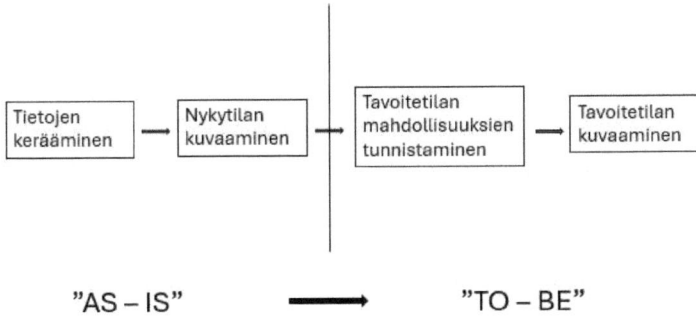

Kuva 44. Prosessien kehittämisen karkea periaate

Prosessien kehittäminen **aloitetaan prosessien tunnista-misesta ja keräämällä tietoja nykytilanteesta ("AS-IS") mahdollisimman tarkasti.**
Prosessien tunnistaminen voi olla hankalaa, jos prosesseja ei ole organisaatiossa aikaisemmin käytetty. Ulkopuolisen asiantuntijan käyttäminen on tällaisessa tilanteessa

suositeltavaa. Prosessien tunnistamisen jälkeen alkaa nykytilanteen kartoitus. Tämä vaihe on erittäin tärkeä.

Tässä vaiheessa ei saisi vielä ajatella ratkaisuja tai miettiä tulevaa tilannetta, joka voi olla välillä vaikeaa, ajatusten ja ideoiden aivomyrskyssä, joka helposti syntyy tässä vaiheessa.

Hyvät ideat kannattaa kuitenkin kirjata muistiin ideapankiksi, josta voi olla hyvä ammentaa ideoita myöhemmin.

Kun nykytilanteesta on saatu kaikki mahdollinen tieto kerättyä, voidaan aloittaa **nykytilan kuvaaminen.**

Kuvaaminen pitää tehdä samalla tekniikalla, jotta kaikki kehitystyössä mukana olevat ymmärtävät myös toisten tekemiä kuvauksia. Yhteinen kuvauskieli mahdollistaa kehitysryhmän yhteiset ideariihet, joissa tehtyjä kuvauksia käydään läpi, parannetaan ja kehitetään.

Tavoitetilan ("TO-BE") luomiseksi pyritään hakemaan kaikki mahdollinen ulkopuolinen tieto ja osaaminen. Esimerkiksi vertailemalla muihin yrityksiin. Lopuksi kuvataan tavoitetila ja viedään uudet toimintatavat (prosessit) käytäntöön.

10.2.Prosessien kuvaaminen

Prosessien kuvaamisella pyritään selvittämään työvaiheet, joita prosessissa tehdään. Kuvaamiseen on hyvä ottaa mukaan henkilöt, jotka osallistuvat työvaiheisiin. Prosessin etenemistä kannattaa visualisoida kaikkien näkyville, jolloin voidaan keskustella ja saadaan yhteinen näkemys prosessin työvaiheista. Visualisoinnin voi toteuttaa esimerkiksi tarralapuilla, joihin merkitään työvaihe ja kiinnitetään seinälle. Tarralappuja on helppo muunnella ja siirrellä. Näin saadaan kaikki mukaan prosessivaiheiden kartoittamiseen.

Seuraavaksi prosessista luodaan kuvaus tai kaavio, jolla pyritään havainnollistamaan prosessin etenemistä. Kuvaus voi olla yksityiskohtainen kirjallinen työohje, jolla opastetaan uutta työntekijää. Yleensä kuvauksessa kuitenkin käytetään kuvien ja tekstin yhdistelmää. Kuvassa 45. on esitetty prosessi, jossa kuvataan asiakkaan käyntiä kaupassa.

Siinä on prosessia ajateltu asiakkaan näkökulmasta ja mietitty vähittäiskaupassa asioivan asiakkaan kokemusta ostoskäynnistä. Prosessi on esitetty 8-osaisena asiakkaan kokemuksena. Tällaista tarkastelua asiakkaan näkökulmasta kutsutaan **palvelumuotoiluksi.** Kuvauksessa on käytetty laatikkoa, jossa tekstillä kerrotaan prosessivaiheen lyhyt kuvaus ja laatikon kärjellä etenemissuunta. Lisäksi on käytetty täydentävää tekstiä.

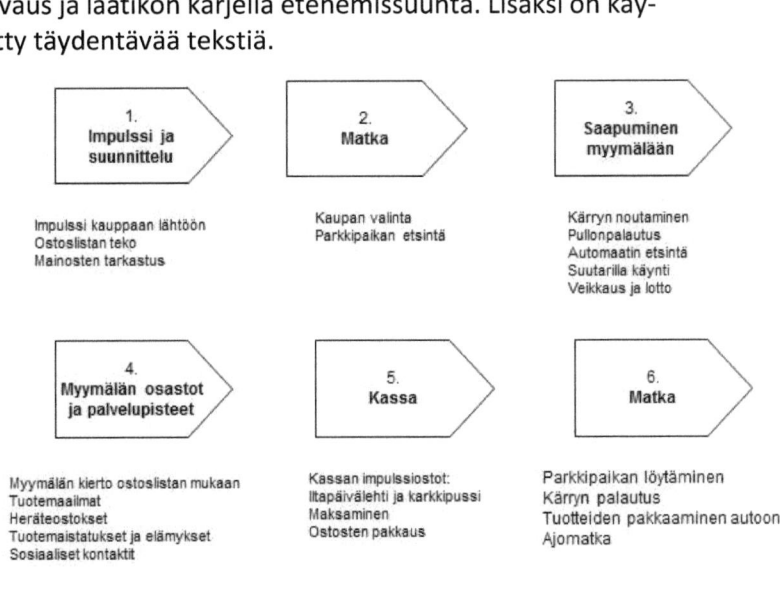

103

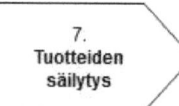

7.
Tuotteiden
säilytys

8.
Tuotteiden
kulutus

Tuotteiden siirto jääkaappiin,
Pakastimeen ja muihin säi-
lytyspaikkoihin

Tuotteiden kulutus
tarpeiden mukaisesti
Reseptien hyödyntäminen

Kuva 45. Esimerkki asiakkaan ostoskäyntiprosessista vähittäiskaupassa (Finne, Kokkonen 2005, 183).

Kuvassa 45. esitetty kuvaus on hyvin havainnollinen ja helposti luettava. Kuvaustapa ei kuitenkaan ole yleisesti käytössä.

Yleinen tapa kuvata prosesseja on vuokaavio (Flowchart), josta käytetään myös nimitystä uimaratakaavio. Kaavion piirtämiseen tarvittavat symbolit löytyvät valmiina monista ohjelmista kuten Word, PowerPoint ja Excel. Vuokaaviosta on muodostunut perustyökalu, jota voidaan käyttää kuvailemaan monenlaisia prosesseja. Lisäksi tarjolla on apuohjelmia, joilla helpotetaan kaavioiden tekemistä. Vuokaavion perussymbolit on esitetty kuvassa 46.

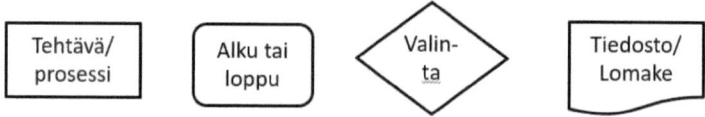

Kuva 46. Vuokaavion symbolit

Näillä symboleilla tehdyssä kaaviossa on jokaisella toimintaan osallistuvalla henkilöllä tai toiminnolla oma ratansa, jossa esitetään hänen toimintansa ja nuolilla esitetään toiminnan eteneminen. Tällaisesta vuokaaviosta käytetään usein nimitystä "Uimaratakaavio". Kaavion tekeminen vaatii hiukan opettelua, mutta se kannattaa varsinkin isommissa kehitysprojekteissa.

Hyöty tulee siitä, kun koko kehitystyöryhmä on oppinut saman kuvaustavan, jolloin myös muut osaavat lukea toisten kaavioita.

Esimerkki uimaratakaaviosta on kuvassa 47. Siinä kuvataan asiakkaan tilausta, joka myynnin ja varastotilanteen tarkistuksen kautta etenee toimitukseen.

Kaavioita piirrettäessä ne kannattaa heijastaa kaikkien työryhmän jäsenten nähtäville, jolla saavutetaan yhteinen kuvaustapa ja näkemys prosessien etenemisestä.

Kuvausta on hyvä tarkentaa tekstimuotoisilla tarkennuksilla. Esimerkiksi kuvan 47. kaaviossa kohdasta "tilauksen käsittely" kerrotaan tarkemmin erillisellä kirjallisella dokumentilla mitä kohdassa "tilauksen käsittely" tapahtuu.

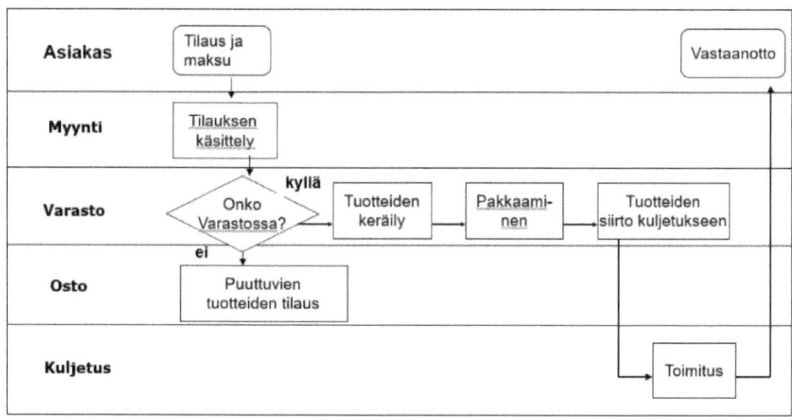

Kuva 47. Esimerkki uimaratakaaviosta

Prosessien kuvaamiseen kannattaa panostaa, sillä se on keskeinen osa liiketoiminnan kehittämistä ja tehokkuuden parantamista. Kuvaamisen avulla saadaan selkeä kuva omista toimintatavoista ja niiden ongelmista. Prosessien kuvaaminen ja kehittäminen voi tuoda huomattavia parannuksia oman organisaation lisäksi koko toimitus-ketjulle.

Kuvaaminen tulee pakolliseksi, kun organisaatio hakee laatusertifikaatteja. Mittareiden avulla prosessien seurannasta tulee myös johtamisen väline.

11. Älykkäät toimitusketjut

Älykkäät toimitusketjut hyödyntävät dataa ja teknologiaa parantaakseen toimitusketjun tehokkuutta, läpinäkyvyyttä ja ennakoitavuutta.

Älykkäiden toimitusketjujen keskeisiä ominaisuuksia ovat:

Datan käyttö, jossa päätökset perustuvat laadukkaan ja oikea aikaisen datan käyttöön.

Kyvykkyys ennustaa tulevaisuutta ja havaita poikkeamat ajoissa.
Resurssien tehokas käyttö ja prosessien optimointi.

Tekoälyä ja automaatiota hyödyntävien järjestelmien käyttö.

Isoilla yrityksillä menee enää muutama vuosi, kun todella älykkäät toimitusketjut ovat niillä käytössä. (Essi Huttu, Osto ja logistiikka 6/2024). Maailmalla kulutustavarajättiläiset, auto- ja lääketeollisuus ovat aloja, joilla älykkäisiin toimitusketjuihin on panostettu erityisen paljon. Lähivuosien investoinnit kohdistuvat IoT ja AI investointien lisäksi 3D tulostukseen, pilvipalveluihin, autonomisiin ajoneuvoihin sekä lohkoketjuteknologiaan.
Perinteisessä toimitusketjussa jokainen vaihe on riippuvainen edellisestä vaiheesta ja sen tuottamasta tiedosta. Tietoja yhdistellään monesta eri järjestelmästä ja raportteja luodaan jopa käsin kokonaiskuvan saamiseksi.
Älykkäässä toimitusketjussa näkyvyys eri osa-alueiden yli mahdollistaa materiaalivirtojen seurannan, aikataulujen synkronoinnin ja poikkeamiin reagoinnin reaaliaikaisesti.
Päätöksenteko siis nopeutuu ja voidaan optimoida koko ketjun toimintaa. Edellytyksenä on saumaton yhteistyö toimitusverkostossa.
Älykkäiden toimitusketjujen avulla yritykset siis kilpailevat tulevaisuudessa.

Lähteet

ASCM (Association for Supply Chain Management)

Christopher M, Logistics & Supply Chain Management. Sixth edition 2023. FT publishing

Finne & Kokkonen 2005. Asiakaslähtöinen kaupan arvoketju. Ws Bookwell Oy Juva 2005

GSI Finland Oy

Haapanen & Vepsäläinen. 1999. Jakelu 2020. Gummerus Kirjapaino Oy. Jyväskylä

Helanto, P. 2000. Kierrätys 2000.

Laitinen, P. 2006. Globalisaation rakennuspalikka. Helsingin Sanomat, s. E 3

Logistiikka 4-5/2000

MET 7, 24/84

Osto ja Logistiikka lehti 4/2022, Viking Line

Osto ja Logistiikkalehti 5/2023, Tokmanni

Osto ja Logistiikkalehti 6/2024, Essi Huttu

Paasilinna. A. 1986. Kymmenentuhatta vuotta Gummerus Oy. Jyväskylä.

Ritvanen V, Inkiläinen A, von Bell & Santala J. 2011. Logistiikan ja toimitusketjun hallinnan perusteet. Saarijärven Offset Oy, Saarijärvi.

Sitra. Kestävää kasvua kiertotaloudesta.

Suomen Metalliteollisuuden keskusliitto, MET tekninen tiedotus 24/84 1983. JOT eli juuri- oikeaan – tarpeeseen – tuotannon koulutusaineisto

Supply Chain Council, SCOR Version 6.0

Tikka J. 2016. Logistiikan perusteet. Books on Demand BOD, Helsinki

Tikka J. 2017. Ostotoiminta. Books on Demand BOD, Helsinki

VTT, Katri Valkokari

Yritystalous 6/92. Tiukasti kiinni tilauksessa.